내가 사랑한 서점

내가 사랑한 서점

서점을 잇는 사람들
지음

니라이
카나이

서점을 시작한 지 얼마 되지 않았을 무렵, 아직 문을 열기 전에 초등학생 여자아이와 아빠가 앞을 지나갔다. 시간을 가늠하고 다시 왔는지, 문을 열자마자 안으로 들어와 각자 마음에 드는 책을 보기 시작했다. 근처에 다른 서점도 있는데, 고마운 일이었다. 여자아이는 초등학교 4학년 정도로 보였지만, 모든 책에 흥미가 있는지 어른도 생각보다 내켜 하지 않을 법한 책에도 손을 뻗어, 책이 상하지 않도록 조심스럽게 살펴보았다. 그동안 아빠는 딸에게 간섭하지 않고 자기가 볼 책을 고르고 있었지만, 여자아이는 가끔 마음에 든 부분을 아빠에게 보여주었다. 읽으면서 피식 웃기도 하는 모습이 정말 귀여웠다. 기쁜 나머지 책이 좋니?, 하고 물어보았다. 아이는 수줍게 고개를 끄덕였다. 차분히 책을 음미하던 두 사람은 각각 한 권씩 골라 만족스럽게 돌아갔다.
그 두 사람이, 동네 한구석의 작은 서점은 아직 필요한 존재라고 말해준 것 같았다. 기억의 셔터를 올린 건 나지만, 문을 열고 들어오는 건 손님이다.

● 다지리 히사코, 『책과 고양이 (그리고) 나의 이야기』,
「동네에 작은 서점이 있다는 것」, 18쪽

여는 글

책과 서점을 사랑하는 독자 여러분께

안녕하세요. 니라이카나이 출판사입니다. 『내가 사랑한 서점』을 펼쳐주셔서 감사합니다.

『내가 사랑한 서점』은 두 번 다시 갈 수 없는, 문을 닫은 서점에 대한 그리움과 추억을 담은 책입니다. 저마다의 자리에서 서점을 운영하고 있는 열다섯 명의 서점지기가 함께해주셨습니다.

이 책은 일본 구마모토에서 '다이다이 서점'을 꾸리는 다지리 히사코 씨의 글에서 출발했습니다. 어린 시절 자주 찾던 작은 동네 서점의 풍경과 그 서점에 얽힌 추억에 관해 썼는데요. 추억 어린 서점을 매개로 다이다이 서점을 여는 과정과 동네 서점의 의미가 담겨 있습니다.「동네에 작은 서점이 있다는 것」이란 제목의 그 글을 읽으며 모두의 추억 속 서점이 궁금해졌습니다. 특히 서점을 연 서점지기들의 기억 속에 남은 서점 이야기를 듣고 싶었습니다. 어디에 있는 서점이었지, 어떤 이름의 서점이었는지, 거기서 산 책은 무엇인지. 그렇게 전국의 독립서점 서점지기에게 원고 청탁을 드렸습니다. 바쁜 와중에도 애써주신 분들 덕분에 이렇게 '서점의 날'인 11월 11일을 이 책의 생일로 삼아 세상에 내놓게 되었습니다.

2024년 기준, 전국 기초 지자체 가운데 서점이 하나도 없는 '서점 소멸 지역'이 6곳, 단 하나만 남은 '멸종 예정 지역'이 21곳이라고 합니다.[1] 고령화와 지역 소멸이 그 배경으로 거론되는 곳이 대부분이지만, 어쩌면 그리 멀지 않은 미래일지도 모르겠다는 생각이 들기도 합니다.

오래된 지역서점은 물론 독립서점들 역시 빠르게 사라지는 현실을 보고 있노라면, 마치 세상이 서점을 더 이상 필요로 하지 않는 것 같아 무력한 마음이 들기도 합니다. 그러나 서점은 여전히 우리 사회에 꼭 필요한 공간입니다. 책을 파는 것을 넘어서 한 지역을 기록하고, 공동체를 유지하는 데 중요한 역할을 하고 있습니다. 원고 청탁을 위해 전국의 서점을 살피며 제 생각이 틀리지 않았음을 확신했습니다. 규모와 업력을 떠나, 저마다 흔들림 없이 자기만의 궤적을 그리며 이야기를 쌓고 있음을 알 수 있었습니다.

부끄럽지만, 한때 서점을 책 유통망으로만 생각한 적이 있습니다. 그런데 동네 한쪽에 자리한 작은 서점을 만나며 생각이 달라졌습니다. 함께 읽으며 얻는 배움과 성장의 시간, 그늘진 일상을 위로하는 다정한 관계가 있었습니다. 크고 화려하지 않아도 그 자리에 있다는 사실만으로 의지가 되는 공간이었습니다.

『내가 사랑한 서점』은 이런 소중한 공간이 더 이상 사라지지 않기를, 오래 그 자리를 지켰으면 하는 바람을 담아 만든 책입니다. 비록 이 책에 나오는 서점들은 문을 닫았지만, 저마다의 자리에서 계속 문을 열고 있다고 생각합니다.

삶의 많은 것이 비대면 온라인으로 이루어지는 시대에, 시간을 들여 직접 찾아가야만 하는 서점이 귀찮고 불편할 수도 있을 겁니다. 그러나 그 수고로움 덕분에 우리는 다정한 관계를, 조용한 위로를, 단단한 성장을 얻습니다. 『내가 사랑한 서점』을 통해 이런 서점의 시간이 보다 많은 이에게 전해지면 좋겠습니다.

●

책의 말미에 '별책부록'이란 이름으로 필자 서점지기들이 추천하는 동네 서점과 가 보고 싶은 서점을 담았습니다. 기억 속 서점을 지나 오늘 그리고 내일의 서점으로 이어지는 이 부록이 독자 여러분의 '사랑하는' 서점으로 함께하길 바랍니다.

---

(1) 〈2024년 지역서점 실태조사〉, 한국출판문화산업진흥원.

차례

여는 글   06

돌아가고 싶은 시간의 공간, 책방 만일 ○ 용서점   13

나를 여기로 데려다준 것은 ○ 낮잠과 바람   23

미완의 세계 ○ 인디문학1호점   37

낡은 책더미에 숨어서 ○ 프루스트의 서재   47

살아남는 것보다 슬퍼하는 것보다 ○ 카프카의 밤   59

사라짐과 존재 사이에서 ○ 보틀북스   73

내가 사랑했던, 당신도 사랑했을 서점 ○ 서호책방   87

늑대 아저씨가 있는 서점 ○ 버찌책방   101

서점은 있었고 책은 남아 있네 ○ 북셀러　　　　　　　　　117

천천히, 다시 서점의 세계로 ○ 욘나욘나　　　　　　　　127

낯설고, 유쾌하고, 요상하고, 좋은 곳 ○ 제로헌드레드　　　135

내 유년 시절의 작은 우주 ○ 책방 연희　　　　　　　　149

존재만으로도 소중한 책방 ○ 책방 토닥토닥　　　　　　163

상상을 먹고 자란 아이는 어른이 되어 ○ 책방, 궤　　　175

두 뺨이 맞닿은 책방 ○ 밤수지맨드라미 북스토어　　　187

별책부록　　　　　　　　　　　　　　　　　　　　　201

돌아가고 싶은
시간의 공간,
책방 만일

용서점
박용희

삶의 모든 시절이 소중하지만, 2015년부터 망원동에서 보낸 2년 여의 시간은 각별하다. 망원동이라는 동네에 새로 터를 잡고, 이웃들과 더불어 지내던 시절을 떠올리면 지금도 웃음이 난다. 그리고 무엇보다 책을 좋아하는 손님으로 마음 편히 드나들었던 '책방 만일'이 그립다. 서점 주인이 되고 보니 그 시절이 얼마나 좋았는지 새삼 깨닫는다. 망원동에는 매력적인 작은 책방이 여럿 들어섰지만, 나의 행복했던 시절을 공유하는 책방은 이제 없다. 가끔 책방 만일이 있던 골목을 서성이며 추억을 떠올릴 뿐이다.

망원동을 떠난 지 10년이 지났지만, 자주 걷던 골목길과 더 이상 갈 수 없는 가게들을 떠올리는 건 어렵지 않다. 시작은 하모니마트가 있는 사거리다. 사거리 입구에는 동네 맛집으로 유명한 고깃집 호남식당이 있었다. 망원동 안쪽 방면으로 길을 건너면 오른쪽 두 번째 건물 1층에는 수제 맥줏집 탭스, 그 맞은편에 어머니가 운영하던 용국수, 그리고 다시 서너 개의 건물을 지나면 제주 음식 전문점 오라방이 있었다. 오라방을 지나 버스 정류장 건너편에는 박남커피가 있었다. 모두 지난 10년 사이에 사라진 가게들이다. 박남커피를 지나 10미터쯤 더 가면 책방 만일이 있었다. 지금이야 망원동에 독립 서점이 여러 곳 있지만, 그때만 해도 나에게 망원동 독립 서점은 책방 만일이 유일했다. 사실 그땐 '독립 서점'이 뭔지도 잘 몰랐다. 그저 집 근처 골목에 있는 '동네 책방'이었을 뿐이다.

2015년 11월, 하던 일을 그만두고 어머니와 함께 망원동에 용국수라는 국숫집을 열었다. 국숫집 일은 바빴다.

이른 새벽부터 부평 깡시장에서 신선한 재료를 구입하고, 손님이 많을 땐 직접 국수를 삶고, 수제비도 뜯었다. 서빙에 설거지까지 하고 나면 오후 2시가 훌쩍 지나 있었다. 녹초가 된 몸으로 어머니와 늦은 점심을 먹고, 커피 한잔을 한 뒤 바람이라도 쏘일 겸 망원동 골목을 여기저기 기웃거렸는데, 마지막 코스는 늘 책방 만일이었다.

무심히 놓인 몇 개의 화분, 운영 시간과 오픈을 알리는 입간판이 멋스러운 공간. 아무에게나 허용되지 않는 허들이 있는 그런 분위기가 오히려 좋았다. 입구에서 포스터 구경 좀 하고 들어가 서가를 한 바퀴 돌며 그날 눈에 띄는 책을 골랐다. 서가 한 바퀴라지만, 그 작은 공간을 둘러보는데 꽤 시간이 걸렸다. 원목으로 짠 책장 앞에 서서 위에서부터 아래로, 왼편에서 오른편으로 책들의 배치를 살폈다. 그중에 눈에 띈 책들을 몇 권 찜해놨다가 최종적으로 마음이 끌린 책을 골랐다. 그렇게 고른 책을 용국수로 가져가 어머니와 마주 앉아 읽었다. 각자 읽은 책에 관해 소개도 하고, 이해 안 되는 걸 묻고 답하는, 일종의 작은 독서 모임이었다.

국숫집 영업이 끝난 뒤에는 나를 찾아오는 손님들과 함께 탭스에서 수제 맥주를 마시기도 하고, 망원 시장을 돌아다니기도 했다. 그러다 자랑하듯 데려간 곳이 책방 만일이었다. '힙하다'는 말을 그때도 썼던가. 아마 그때는 '희한한 곳'으로 소개했던 것 같다. 대형 서점에서는 구할 수 없는 독립 출판물들, 책방 만일에서 자체 제작한 포스터 형태의 용도를 알 수 없는 묘한 느낌의 출판물들, 다른 서점에서도 구할 수는 있는 책들이지만 책방지기의 손길을 거쳐 생소하고 고유하게 느껴지던 기존 출판물들까지. 책방이라는 공간은 익숙했지만, 그 안에 머무는 시간은 늘 낯설고 새로웠다. 갈 때마다 크게 바뀌지 않았지만, 그 작은 공간을 시간 날 때마다 들렀던 건 그래서였다.

내가 책방 만일의 의미 있는 손님이자 독자였느냐 하면 그렇진 않은 것 같다. 사장님은 절대 기억할 수 없을 조용한 손님이었으니까. 말을 걸어본 적이 있었던가? 계산해 달라고 할 때 외에는 딱히 말을 걸지 않았다.

    1시에 문을 여는 책방 만일에 점심 영업을 마치고 짬이 나는 2시 반쯤 슬쩍 들어가서 30분가량 서가를 느릿느릿 훑으며 그날 꽂히는 책을 골라 계산하고 나오는 것. 이것이 책방 만일과 나 사이의 전부였다. 용기가 나지 않아 책방 만일에서 열린 여러 행사에도 한 번도 가 보지 못했다.

    망원동에서의 행복한 시절은 생각보다 일찍 끝났다. 두 계절을 책방 만일의 손님으로 지내다가 망원동을 떠나 고양시 덕은동에 그간 모았던 책들을 가지고 '용서점'이라는 헌책방을 열었다. 그리고 책방 문을 연 지 9개월 만에 갑자기 어머니가 쓰러지셨다. 정신없는 나날이 이어지는 와중에 망원동은 좋아했지만, 다시 가기 머뭇거려지는 곳이 되었다. 어머니가 떠오르는 그곳에 차마 편하게 갈 수가 없었다. 책방 만일이 문을 닫았다는 건 한참 뒤에 알았다. 시간이 지나 망원동에 갔던 날, 하모니마트 사거리에서 걸어 올라가는 데 자주 가던 가게들이 문을 닫았음을 그제야 알게 되었다.

책방 만일이 있던 자리에도 다른 가게가 들어와 있었다. 망원동을 휩쓸었던 젠트리피케이션 때문이었을까. 책방 수익이라는 게 빤해서 지속하는 게 쉽지 않을 거라는 건 예상했지만, 그 예상한 일이 닥치고 말았다는 게 씁쓸했다. 닫기 전에 한 번이라도 더 들르지 못한 게 못내 아쉬웠다. 집, 용국수에 이어 책방 만일까지 사라지고 난 후의 망원동은 나와는 상관 없는 동네가 되어버렸다.

　책방지기가 책방 만일을 닫으며 《스트리트 H》라는 매거진에 남긴 글을 몇 번이나 읽었다. 나 역시 몸소 겪었던 망원동의 젠트리피케이션으로 인한 급격한 월세 인상, 책방 운영 예산 소진, 그리고 무엇보다 좀처럼 바뀌지 않던 책방 생태계를 향한 답답함을 담담하게 쓴 그 글을 책방지기가 된 후 폐업을 고민할 때마다 꺼내 읽는다. 마치 누군가 남긴 유언을 보며 내 마지막을 그려보듯, 나도 그렇게 멋있게 마무리하고 싶다는 다짐을 한다. 물론 쉬운 일은 아니겠지만. 언젠가 용서점을 닫게 된다면, 나도 내 소임을 다하고 '완전히' 닫고 싶었다. 물론 책방 만일과 같은 '끝'이 쉬운 게 아니라는 걸 안다.

느닷없이 문을 연 책방이 어느새 8년을 채우고 9년 차를 맞이했다. 영원히 문을 닫은 책방 만일 뒤로 근근이 이어가는 용서점의 이야기를 쓰는 중이다. 처음엔 내 일상에 자연스레 자리 잡은 책방 만일이란 공간을 이용하는 게 좋았고, 그 후엔 그런 공간을 만들어 동네 사람들에게 제공하는 게 얼마나 뜻깊은 일인지 알게 되었다. 그리고 그 일을 계속 이어간다는 게 얼마나 어려운 일인지도.

해가 갈수록 처음 책방을 열었을 때의 마음에서 점점 멀어지고, 책방의 상상력은 빈곤해져 간다. 그럼에도 책방을 어떻게든 닫지 않고 열고자 하는 이 고집이 어디서 왔는지 나도 모르겠다.

책방 만일은 '나도 이런 책방을 열고 싶다'라는 꿈을 심어준 곳이고, 지금은 '나도 책방을 잘 닫고 싶다'라는 바람을 갖게 해준 곳이다. 이 두 바람 사이에서 여전히 갈팡

질팡하며 책방지기의 하루를 산다. 물론 여전히 내가 책방 만일에서 독자로서 느긋한 시간을 누렸던 것처럼 누군가 내가 만든 책방에서 그런 시간을 보냈으면 하는 바람은 여전하다. 만일 계속할 수만 있다면, 내가 살아 있는 동안은 영원히 책방 문을 열고 누군가의 골목 산책길에서 발견되고 싶을 뿐이다. 열린 문으로 들어온 손님들 중에 망원동에서의 나처럼 책방을 누리는 이가 한 명이라도 있기를 바라면서 말이다.

요즘도 망원동에서 약속이 생기면 조금 일찍 가서 옛 이웃들이 운영하던 가게가 있던 골목을 괜히 지나가 보곤 한다. 돌아갈 수 없는 그 시절에 대한 그리움과 아쉬움으로, 책방 만일이 있던 골목까지 걷는다. 놓아야 할 미련처럼 보일 수도 있겠지만, 그 미련이 오늘을 살게 하는지도 모른다.

나를 여기로
데려다준 것은

낮잠과 바람
보라차

손님이 없는 책방에서 턱을 괴고 앉아 있다가, 문득 이곳이, 여기에 있는 내가 낯설어질 때가 있다. 이게 정말일까? 꿈은 아닌지 의심스럽다. 책방을 열게 될 거라고는 한 번도 생각해 본 적이 없다. 중년에서 노년으로 접어들 즈음에 무엇이 되었든 수수하고 자그마한 공간을 꾸려 보고 싶다고 막연히 꿈꾸었을 뿐이다. 그런데 어쩌다 보니 삼십 대의 막바지에 책방을 열게 되었다. 책을 고르다가도, 입간판을 내놓다가도 불현듯 궁금해진다. 어쩌다 이곳에 닿게 된 것일까. 무엇이 나를 책방에 데려다준 걸까. 걸어온 구불구불한 길을 돌아보니, 길의 어귀 어디쯤 바울서점이 있다.

눈을 감고 서점에 가던 길을 그리면, 언제나 팔짱을 끼고 걷는 나와 엄마의 뒷모습이 떠오른다. 아파트 후문을 통과해 자주 풍선껌을 사 먹던 구멍가게, 기름 냄새가 나던 작은 공장을 지나 신호등이 없는 짧은 건널목을 건너면 바울서점이 있었다. 서점 문을 열고 들어가면 머리가 살짝 벗겨진 중년의 남자 사장님이 토시를 낀 채 일하고 계셨다.

엄마는 바울서점의 단골이었다. 열흘에 한 번 정도 가서 책 제목이 적힌 종이를 내밀거나, 서가를 천천히 살피며 책을 골랐다. 엄마를 따라 바울서점에 가면 나도 책을 고를 수 있었다. 읽고 싶은 것을 고르면 사주마 했지만, 사실 절반뿐인 자유였다. 제일 갖고 싶었던 건 순정 만화를 잔뜩 볼 수 있는 만화 월간지였지만, 엄마는 내가 그런 책을 보는 아이라는 것을 알지도 못했다. 그러니 엄마가 실망하지 않으면서 만화책을 볼 수 있는 선택지는 학습 만화밖에 없었다. 역사나 속담, 전래동화 같은 것을 다룬 만화책은 종종 엄마의 선택을 받기도 해서, 나는 주로 학습 만화책 한 권과 엄마가 좋아할 것 같은 진지한 책 한 권을 함께 골랐다. 그리고 두근거리는 마음으로 엄마의 선택을 기다렸다. 대부분 엄마의 반대에 만화책은 얌전히 내려놓아야 했지만, 어떤 날은 운 좋게 두 권 다 살 수 있었다. 그렇게 어렵게 얻은 책을 표지가 너덜너덜해질 때까지 몇 년이고 보았다. 학교에 다녀와서 잠들기 전까지 틈틈이 보고 화장실에 갈 때도 들고 가서 보았다. 만화로 그려진 「금오신화」와 「장화홍련전」은 얼마나 흥미진진했는지. 속담 만화의 주인공은 또 얼마나 엉뚱하고 웃겼는지. 좋아하는 장면은 보고 또 보아도 좋았고, 웃음이 터지는 페이지에서는 언제나 웃음이 터졌다.

조금 더 자란 후에 바울서점에서 하나둘 사 모은 것은 산하 출판사에서 나온 어린이 책 시리즈였다. 서점에 새로운 산하 책이 들어오면, 저자나 줄거리를 살펴보지 않고 망설임 없이 집어 들었다. 다행히 엄마도 산하 책을 좋아했다. 어떤 책은 엄마도 여러번 읽을 정도였다. 내가 좋아하는 책을 엄마도 마음에 들어 하다니. 드디어 좋아하는 책을 마음껏 읽을 수 있게 된 것이다. 아, 정말이지 산하 어린이 책은 한 권도 빠짐없이 다 좋았다. 책장에 산하 어린이 책이 나란히 꽂혀 있는 모습을 보면 그렇게 든든할 수가 없었다. 외롭거나 심심할 때 언제든 꺼내 읽을 수 있으니까. 그렇게 언제든 새로운 세상에 들어갈 수 있으니까. 그곳에서는 혼자가 아니니까. 하루에도 몇 번씩 책장의 유리문을 열어 보며 뿌듯한 미소를 지었던 그 시절의 나는 참 행복한 어린이였다.

산하 어린이 책을 시작으로 바울서점에서 어린이 소설을 참 많이도 사 읽었다. 그러다 운명처럼 만난 책이 바로 박완서의 『부숭이의 땅힘』이다. 도시 아이가 시골에서 올라온 아이 '부숭이'와 함께 살게 되면서 벌어지는 이야기로, 도시 아이는 야무지고 단단한 시골 아이 부숭이가 지닌 '땅힘'의 정체를 알고 싶어 한다. 또래보다 겁이 많고 잘 울던 그 시절의 나는 이 '땅힘'이 무엇인지 궁금했다. 땅힘을 가지고 씩씩하게 학교에 다니고 싶었다. 잠자리에 누워 낮에 만났던 부숭이를 떠올리며 언젠가 나도 그런 사람이 될 수 있을까 생각했다. 그러나 할아버지 댁의 뒷간에도 혼자 가지 못하는 도시 아이에게 땅힘은 지구 반대편만큼 아득했다. 그런 내가 세월이 흘러 낯선 도시로 여행을 떠나기도 하고, 싫은 것을 싫다고 (떨리는 목소리로) 말하기도 한다. 내 마음속에 살고 있는 부숭이 덕분이다. 어릴 적에 매일같이 만나던 부숭이가 내게 땅힘을 조금씩 나눠 주는 거라고, 용기를 주고 있다고 생각한다.

그 시절 많은 서점이 그랬던 것처럼 바울서점도 책을 사는 손님에게 책갈피를 주었다. 앞면에는 어디선가 본 적이 있는 것 같은 그림이, 뒷면에는 서점 이름과 전화번호가 프린트된 작은 책갈피였다. 책상 서랍에 이미 비슷한 책갈피가 쌓여 있었지만, 나는 매번 신중하게 책갈피를 골랐다. 사장님이 책 사이에 책갈피를 끼우고 나면 엄마는 꼭 이렇게 물었다.

"애가 둘인데…… 하나 더 받을 수 있을까요?"

사장님은 언제나 별말 없이 책갈피를 하나 더 끼워 주었다. 그렇게 받은 책갈피를 오빠가 쓰는 것은 거의 본 적이 없다.

바울서점에서는 늘 새 책 냄새가 났지만, 종종 밥 냄새도 풍겼다. 아침부터 밤까지 열려 있는 서점에서 사장님은 집에서 싸 온 도시락으로 끼니를 해결하셨던 모양이다. 그날도 사장님은 양은 도시락을 들고 점심을 먹고 계셨다. 여느 날처럼 책을 사고 책갈피도 두 개 챙긴 엄마가 집에 가는 길에 말했다.

"아유, 먹고 싶어서 혼났네. 우리도 오늘 김치 볶아 먹자."

정말로 그날 저녁 반찬은 볶음김치였고, 볶음김치를 꼭 먹고 싶었던 엄마도, 그런 엄마가 왠지 사랑스러웠던 나도 맛있게 먹었다. 덕분에 바울서점을 떠올리면 책 냄새보다 새콤달콤한 볶음김치 냄새가 먼저 난다. 가끔 식당에서 볶음김치가 반찬으로 나올 때는 입술에 양념을 묻혀 가며 도시락을 드시던 바울서점 사장님의 얼굴이 떠오른다.

바울서점 사장님은 단골손님인 우리를 특별히 반기지 않았다. "잘 지내셨어요?"라거나 "오늘 날씨가 참 좋죠?"라는 흔한 말도 눈인사도 없이 그저 "안녕하세요" 하고 인사한 후에 묵묵히 할 일을 하셨다. 사장님과 우리 사이에는 얼마간의 거리가 존재했다. 덕분에 늘 넉넉하고 고요한 책의 정원에 들어가 느긋한 산책을 할 수 있었다. 언제까지나 계속될 것 같은 산책이었으나, 그 끝은 생각보다 빠르게 다가왔다.

동네 아주머니들이 시장 대신 까르푸에 가기 시작했던 그즈음이었을까. 시내의 대형서점에서 책값의 10퍼센트를 쿠폰으로 돌려준다고 했다. 어디선가 그 소식을 들은 엄마와 나도 그 서점에 가기 시작했다. 바울서점 맞은편 정류장에서 버스를 타면 금세 시내의 커다란 서점에 도착했다. 처음에는 버스를 기다리며 바울서점을 바라보고 있자면 미안한 마음이 들었지만, 그런 마음도 점점 희미해졌다.

자본은 가혹하리만치 유혹적이었다. 엄마는 사고 싶은 책이 잔뜩 적힌 쪽지를 들고 대형서점에 가서 책을 한 아름씩 사 왔다. 서점 직원에게 쪽지만 내밀면 드넓은 서가에서 책을 찾아 건네주었다. 신기하고 편했다. 이번에 받은 쿠폰을 써야 하니 다음에 또 가야 했다. 쿠폰을 써서 책을 사면 할인가의 10퍼센트를 또다시 쿠폰으로 돌려주었다. 그렇게 엄마가 쿠폰의 늪에 빠지는 사이, 나는 다른 것에 사로잡혀 있었다. 서점의 큰 자리를 차지하고 있는 총천연색의 팬시용품, 그리고 시내에 가면 늘 사주던 따끈하고 달콤한 쥐포의 유혹이었다. 한 손에는 스티커를, 또 한 손에는 쥐포를 쥐고 집에 돌아가는 길은 얼마나 충만했던가.

몇 해가 지나 바울서점은 결국 문을 닫았다. 서점 자리에 들어온 미용실을 보며 잠시 아쉬운 마음이 들었던 것도 같지만 곧 마음속에서 사라져 버렸다. 그렇게 나는 어린 시절을 함께한 동네 서점과 싱겁게 이별했다. 엄마도 나도 이웃들도 크고 화려하고 편리한 곳으로 향하던 시절, 하루하루 손님의 발길이 줄어드는 서점에서 사장님은 어떤 시간을 보내셨을까.

고심해서 고른 책을 손님이 좋아해 줄 때, 그렇게 사

람과 책이 운명적으로 만나는 순간, 책방 주인은 오래 기다린 편지를 받았을 때처럼 기쁘다. 마음속으로 환호성을 지른다. 이 순간이 오기만을 기대하며 종일 책방을 지키는 것인지도 모른다. 늘 덤덤해 보였던 바울서점 사장님도 내가 어떤 책을 집어들 때면 은밀하게 기뻐하셨을 것이다. 책방 주인이 되어보니 그 마음을 알겠다. 그리고 우리 모두 시내로 향하던 때, 동네 서점은 잊어버리고 말았던 그때, 사장님의 마음이 어땠을지도 조금은 짐작이 간다. 손님이 책방에서 만난 '운명의 책'을 온라인으로 사야겠다고 말할 때, 아무래도 그런 눈치일 때, 그렇게 빈손으로 책방을 나설 때면 나도 비슷한 마음이 된다. 쓸쓸하다. 뾰족한 수가 없으니 무력하다. 그런 마음을 어떻게든 달래 보다가, 여기까지라고 생각하며 결국 서점을 내놓았을 사장님을 상상하니 가슴이 조금 아리다. 고마운 장소를 새까맣게 잊고 지낸 것 같아서 미안해진다.

 책방을 연 지 어느덧 두 해가 지났다. 책도 별로 많지 않고, 주인과 손님, 손님과 손님의 물리적인 거리가 가까워 서로 조금씩 긴장할 수밖에 없는 10평 남짓 작은 책방. 멋진 가구도, 붙임성 좋은 주인도 없다. 이런 책방에도 사람이 든다. 신비로운 일이다. 운명의 책을 남겨두고 돌아서는 손님, 사진만 찍고 떠나는 손님보다는 먼지 쌓인 중고책 더미에서 선물하고 싶은 책을 찾아내고, 책방 구석구석을 꼼꼼하게 둘러보며 감탄하고, 참 좋은 시간이었다는 쪽지를 남기고 떠나는 손님이 훨씬 더 많다. 그런 손님들을 만날 때면, 이렇게 조그마한 아름다움을 알아봐 주시다니, 하고 감동한다. 불편과 손해를 기꺼이 감수해 주시는 분들, 잘 보이지 않는 것들을 정성스럽게 발견해 주는 이들 덕분에 이 세상에 아직도 서점이 있다.

책방에서 사람들을 만나 이야기를 나누면서 보이는 것, 만져지는 것보다 중요한 건 마음이나 기억, 영혼처럼 보이지도 만져지지도 않는 것들이라고 믿게 되었다. 물리적으로 함께하는 시간은 찰나라고 해도 마음에 품고 있는 시간은 영원에 가깝다. 바울서점은 문을 닫았고 나와 팔짱을 끼고 서점에 가던 엄마도 이제 세상에 없지만, 설레는 걸음으로 서점을 향하던 어린 시절의 나도, 바울서점에서 풍기던 도시락 냄새도, 엄마와 함께 책을 고르던 시간과 책에서 만난 이야기와 잠들기 전에 상상해 보았던 주인공의 모습도 여전히 나의 어딘가에 남아있다. 그냥 남아있는 것이 아니라 살아 숨 쉬고 있다. 눈치채지 못할 정도로 작게 꿈틀거리고 있다가 내가 갈림길 앞에서 고민할 때 마음이 향하는 곳으로 발을 디딜 수 있도록 격려해 주고, 주저앉거나 넘어졌을 때 두툼한 손을 내밀어 나를 일으킨다. 지금까지 그렇게 걸어왔다. 정처 없이 걷다가 도착한 곳이 바로 천변의 작은 책방이다. 준비도 없이 덜컥 책방을 연 데는 이상한 힘이 작용했을 거라고 줄곧 생각했는데, 그러고 보면 부숭이의 땅힘처럼 나에게도 '책힘' 같은 것이 있었던 게 아닐까 싶다. 매일 다니던 길에 그림처럼 존재하던 동네 서점에서 탄생한 작은 책힘은 눈치채지 못할 만큼 조금, 아주 조금씩 자라나더니 어느새 나를 어딘가로 향하게 할 만큼 크고 강해졌다. 나를 여기로 데려다 준 것은 책힘인지도 모른다고, 아니, 분명히 그렇다고 생각한다.

책을 고르고 읽고 밑줄을 그을 때, 책장을 넘기며 울고 웃을 때마다 책힘이 자란다. 언젠가는 나보다 더 힘이 세질 것이다. 그때는 책힘이 이끄는 대로 훌훌 걸어야지, 그러다 보면 또다시 어딘가에 닿아 있겠지, 생각한다.

어린이 손님이 작은 책방 안을 빙빙 돌며 신중하게 책 한 권을 고를 때면 이 시간이 아이의 마음속에 어떤 모양으로 자리하게 될지 궁금해진다. 이 시간을 몽땅 잊어버릴 수도, 그리 특별하지 않은 시간으로 기억할 수도 있을 것이다. 그러나 책방에서의 기억은 아이의 마음 어딘가에 숨어 있다가, 어느 순간 문득 튀어나와 아이를 어딘가로 데려다 줄지도 모른다. 아이를 책방에 데리고 온 엄마의 손처럼, 바울서점에서 생겨난 책힘이 나를 이곳에 데려다 준 것처럼 말이다. 세상에는 그런 '책힘'이 있다고 믿으며 오늘도 책방을 지킨다.

미완의 세계

인디문학1호점
윤태원

서점의 첫인상은 눈이 아닌 코로 시작된다. 문을 열고 공간에 들어서는 순간, 특유의 종이 냄새와 잉크 냄새가 압도적으로 풍겨올 때, 내가 발을 들인 곳은 서점이 아니라 새로운 세계가 되는 기분이다. 먼 과거로부터 뇌리에 박혀 있던 이 '서점 냄새'가 어찌나 탐이 나던지, 내가 운영하는 서점에서도 그 냄새를 풍기기 위해 많은 시도를 했었다. 잠깐이나마 흉내는 내볼 수 있었는데, 세상 모든 일이 그러하듯 시작하는 일보다 지키는 일이 어렵다 보니 금방 포기하고 말았다. 방법은 특별하지 않다. 오히려 간단하다. 공간을 가득 채울 만큼의 책이 있으면 된다. 그 책이 팔리고 또 새로운 책으로 채워질 때, '서점 냄새'가 나는 서점이 될 수 있다. 이 방법은 생각보다 쉽지만, 보기보다 어렵다. '서점 냄새'는 곧 책 냄새. 책 냄새는 살아있는 서점에서만 맡을 수 있기 때문에, 요즘에는 '서점 냄새' 풍기는 서점을 도통 찾을 수가 없다. 물론 내가 운영하는 서점 역시 디퓨저를 향처럼 피우며 죽은 서점 냄새를 지우고 있는 중이다. 그렇다면 이쯤해서 궁금하지 않을 수가 없다. 나는 어째서 '책 냄새'가 나야 '살아있는 서점'이라고 인식하게 되었나.

태어나 처음, 서점이라는 공간을 방문했던 기억은 아쉽게도 없다. 초등학생 때 새 학기마다 필요했던 '전과'나 문제집을 사러 몇 번 방문했던 것 같은데, 그땐 그저 책이 필요하니까 사러 갔을 뿐이었다. 과자를 사러 슈퍼에 가고 빵을 사러 빵집에 가듯, 책을 사러 서점에 갔었다. '서점 냄새'를 알게 된 것은 몇 년 더 지나 청소년이 되고 난 이후의 일. 당시 나는 서점보다 도서 대여점을 훨씬 더 자주 다녔기에, '도서 대여점 냄새'가 곧 '책이 모여 있는 공간의 냄새'이며, '도서 대여점 책'에서 나는 냄새가 곧 '책 냄새'라고 인지하고 있던 때였다. 그렇게 매일같이 출석 도장을 찍으며 책방에 길들어 있던 어느 날, 우연히 내 안에 숨겨져 있던 컬렉터 기질이 눈을 뜨게 되었다. 책을 소유하고 싶다는 욕망이 생긴 것이다. 도서 대여점의 책은 헌책, 수많은 타인의 손때가 묻은 책, 제때 반납하지 않으면 연체료를 물어야 하는 책. 그런 책이 아니라, 오직 나 혼자만 볼 수 있고 영원히 소장할 수 있는 나만의 책이 갖고 싶었다. 그제야 나는 문제집이 아닌 만화책을 사기 위해 서점을 찾았다. 바로 그날이, 나와 서점의 진정한 첫 만남이라 할 수 있겠다.

문명서점. 강원도 영월 시골 읍내에서, 내가 태어나기 전부터 자리를 지키고 있었던 종합서점이다. 1960년에 문을 열었고, 2004년에 문을 닫았다는 사실은 이 글을 쓰기 위해 자료 조사를 하던 중 알게 되었다. 당시에는 문명서점에 이렇게 긴 역사와 세월이 있다는 걸 당연히 몰랐다. 물론 지금도 내가 서점을 운영하는 사람이 아니었다면 별 감흥이 없었을 것이다. 40년 넘게 서점을 운영한다는 일이 얼마나 엄청나고 대단한 일인지는 서점을 운영하는 사람들만 아는 일이니까 말이다. 언제나 그곳에 있던 서점. 매일 지나가는 길에 항상 있던 서점. 내가 태어나기 전부터 있었으니까 내가 죽을 때까지도 있겠지 뭐, 하며 오히려 하나의 풍경이 되어버린 서점. 그 서점에 들어섰던 날이다.

문명서점의 문을 여는 순간 먼저 책들이 뿜어내는 냄새에 압도당했다. 종이와 잉크. 다른 어떤 향도 용납할 수 없다는 듯, 순수하게 책으로만 뿜어내는 바로 그 책 냄새! 헌책과 디퓨저 향이 묘하게 섞인 도서 대여점 냄새에만 길들어 있던 내 콧속으로, 새 책 냄새가 훅 하고 풍겨왔을 때, 나는 깜짝 놀랄 수밖에 없었다. 갓 인쇄소에서 나온 따끈따끈한 새 책 특유의 고소하고 진한 냄새가 강렬하게 각인되었다. 물론 그전에도 간혹 갔었는데, 어째서 유독 이날만 예전과 다르게 책 냄새로 서점을 인식했는지는 나도 모른다. 몇 달치 용돈을 모아 처음으로 큰돈을 들여 책을 산다는 마음가짐이 어떤 작용을 한 것은 아닐지 추측할 뿐이다 (열 권이 넘는 만화책 전권이었다).

'서점 냄새'에 빠져 정신을 차리지 못하면서도 그날은 일부러 문명서점을 한 바퀴 돌았다. 이전에는 필요한 책만 얼른 골라 집어서 계산하고 바로 나왔다면, 이날은 천천히 서점 구석구석을 돌며 구경하는 척을 했다. 물론 내가 살 만화책은 이미 정해져 있었지만, 그동안 가 보지 않았던 서점 안쪽까지 들어가 책 구경을 했다. 시골 서점임에도 웬만한 식당보다 넓은 공간이었고, 그 공간이 비좁아 보일 만큼 온갖 종류의 책들이 빼곡하게 쌓여 있었다. 분류는 십진법, 순서는 입구로부터 그림책과 만화책, 문제집과 참고서, 잡지, 그 뒤로 문학, 사회, 실용, 자격증 등등. 분야도 내용도 모두 다르지만 어쨌든 책으로 둘러싸인 이 고요한 공간에서, 나는 알 수 없는 약간의 흥분과 함께 안락함과 안정감을 동시에 만끽했다. 지금 당장 무슨 일이 일어나도 이 책들이 나를 지켜줄 것만 같은 든든한 기분. 그렇게 꽤 오랜 시간동안 서점에서 서성거린 후, 원래 사려고 했던 만화책을 한가득 사서 서점 문을 나섰을 때 느꼈던 알 수 없는 충만함. 이날의 경험이 얼마나 특별했는지, 그때부터 나는 서점을 드나드는 빈도를 높이며 책을 사 모으기 시작했다. '서점 냄새'와 책이 주는 안락함과 안정감을 내 방에서도 느끼고 싶었다. 그렇게 소년의 방은 만화책으로 시작해서 장르 소설로, 그리고 문학으로 조금씩 책장을 넓혀갔다.

시간은 흘렀고 흐르는 세월을 붙잡을 수는 없었으므로, 나는 성년이 되어 고향을 떠나 도시로 나갔다가 그 삶의 무게를 버티지 못해 다시 고향으로 내려왔다. 당시에는 낙향과 낙오가 같은 의미라 생각했으므로, 스스로를 실패자로 몰아붙이고 방황이나 했었다. 한참을 오발탄처럼 지내던 그때, 내 방 책장에 가지런히 꽂혀 있는 책들이 눈에 들어오길래 옛날을 조금 회상했고, 오랜만에 서점에 가서 책을 사볼까 하는 마음이 들어 길을 나섰으나 이미 문명서점은 사라진 이후였다. 2004년, 내가 04학번이니까 정확하게 성년이 되어 고향을 떠난 해에 문을 닫은 셈이다. 서

미완의 세계

점이 있던 자리에는 안경점이 들어서 있었다. 깨끗한 통유리 너머로 빼곡히 쌓여 있던 책들은 싹 사라졌고, 안경들이 환한 조명 아래 반짝이며 빛나고 있었다.

그 뒤로 한동안 공간이 필요하다 생각했다. 책으로 둘러싸인 공간, 안락함과 안정감을 동시에 만끽할 수 있는 공간, 갓 나온 따끈따끈한 책이 뿜어내는 싱싱한 책 냄새를 솔솔 풍기는 그런 공간이 나에게 필요하다 생각했다. 그래서 직접 만들기로 했다. '서점 냄새'를 풍기는 공간은 서점 말고는 없으므로, 나는 서점을 만들었다. 이렇게 한문장으로 짧게 '만들었다'라고 했지만, 사실 그 과정이 결코 가볍고 쉽고 빠르지는 않았다. 무엇보다 여전히 만들고 있는 중이다. 서점을 시작한 이후로 지금까지 계속해서 실패하는 중이며, 계속해서 만들고 있다. 앞서 이야기했듯 '서점 냄새'를 풍기기 위해서는 서점이 살아있어야 하는데, 살아남기가 쉽지 않은 일이라서 아직도 내 서점은 죽은 상태이자 미완인 셈이다. 여기까지 이야기를 들었을 때, '그렇다면 지금 당신이 서점을 운영하고 있는 계기가 바로 그 문명서점이 없어졌기 때문인가요?!'라고 묻는다면, 또 그렇다고는 할 수 없다. 다만, '서점에서는 서점 냄새가 나야 한다!'는 하나의 확고한 신조를 새겨준 곳이라 할 수 있겠다.

많은 서점이 생겨나고, 그보다 많은 서점이 문을 닫는 시대다. 6개월 만에 문을 닫는 서점도 있고, 수십 년이 넘는 세월을 지켜낸 서점이 하루아침에 문을 닫는 일도 있다. 서점의 완성, 완성된 서점이라는 건 존재할 수 있을까. 서점이란 미완의 세계이므로, 누군가는 경이롭게 바라보며 동경을 품고, 누군가는 혀를 차며 외면하는 것이 아닐까 하는 생각이 드는 요즘이긴 한데… 사실 그런 거 잘 모르겠고, 일단 서점에서 '서점 냄새'를 풍기고 싶다. 어린 시절, 내가 서점에서 받았던 그 특별한 경험을 나 또한 다른 누군가에게 경험시켜주고 싶은 마음이다.

미완의 세계

낡은 책더미에
숨어서

프루스트의 서재
박성민

학교를 마치고 집으로 돌아오는 길에 헌책방이 있었다. 마치 판자를 얼기설기 엮어서 형태를 만들고, 입구를 제외한 전면에 빼곡히 책장을 둘러놓은 모양새였다. 지붕 위로 듬성듬성 기와가 얹혀 있지 않았다면 폐지를 잘 압축해 놓은 거대한 더미처럼 보였으며, 멀리서 보면 긴 세월 어느 가게 유리창에 붙어 있는 빛바랜 광고 포스터의 한 장면처럼 서 있었다. 안이라도 슬쩍 볼라치면 가늠할 수 없는 책 무더기가 공간의 틈을 주지 않았다. 발을 들이면 빛이 들지 않는 어둠 속으로 순식간에 잡혀 들어갈 것만 같았다.

물론 입구엔 험악한 문지기가 있어서 함부로 들어갈 수 없다. 호기심만 가득한 까까머리 중학생이라면 더 그렇다. 교과서를 잃어버렸거나, 여기에 있을 법한 책의 제목을 말하지 않는다면 말이다. 그러니 자연스레 큰 관심을 두지 않았다. 이후 고등학생이 되면서 종종 찾게 되었는데 당시 나오던 《마이컴》, 《헬로우PC》, 《HOWpc》 같은 과월호 잡지를 구입하기 위한 목적이었다. 그 잡지들은 지금까지 상상할 수 없었던 세계로 안내하고 있었다.

잡지는 책방 앞 길바닥에 줄지어 누운 채 누군가의 손길을 기다렸다. 몇천 원을 들고 쭈그리고 앉아 잡지 두어 권을 집어 오는 날은, 가까운 미래에서 온 편지를 열어보는 일처럼 두근두근했다. 그렇다고 생애 큰 의미가 생기진 않았지만, 쓸모는 있었다. 수업 시간에 교무실로 불려가 문서 작업을 한다거나, 바이러스에 걸린 친구의 컴퓨터를 고쳐주고 떡볶이를 얻어먹거나, 기기를 설치하는 소소한 일까지 나를 찾았다.

그러나 곧 덮친 인터넷이라는 거대한 그물에서 치유

할 수 없는 병에 걸렸다. 이른바 문학병. 표현하지 않으면 아무것도 아닌 세계라는 점에서 둘은 닮았다. 현실과 달리 가상의 세계에선 얼마든지 다른 사람이 될 수 있었고, 무엇보다 스스로를 이상적인 존재로 바꿀 수 있었다. 이 점이 나를 문학으로 끌어간 것일까. 누군가 문학병에 걸린 사람은 자기만의 체가 있다고 말했다. 잘난 체. 문학이 무엇인지도 모르면서 여기서는 잘나고 싶었다.

컴퓨터는 글을 쓰는 도구가 되었다. 하지만 생각으로만 맴돌던 것을 쓰고 마는 게 전부였으니, 남은 건 그저 바라는 마음뿐이었다. 그때부터 문학의 순례자가 되었다. 그 순례길은 책방이었다. 금호터널을 지나서 장충단 공원을 넘어 동대문운동장에서 을지로입구역으로 이어지는 지하상가로 내려간다. 곧게 이어진 지하상가는 마냥 걷기 좋았다. 생각 없이 걸을 때도 있었고, 딴생각만으로 걸을 때도 있었다. 그러면 지하상가의 종착지인 을지서적이 나왔다. 가까운 영풍과 교보, 종로서적을 차례차례 돌면서 책을 뒤적이고 문장을 읽다 보면 어느새 해가 떨어졌다. 가끔 경로

가 달라져도 책이 있는 곳이 종착지가 되었다.

 인생의 전환점으로 생각했던 군 시절을 보내고도 문학의 열병에서 벗어나지 못한 채 하릴없이 동네 골목을 누비고 다니던 길에 '고구마'라는 다소 엉뚱한 이름의 헌책방을 만났다. 그곳은 책으로 생겨난 동굴 같았다. 계단을 따라 지하로 층층이 쌓인 책들을 보면 아득해질 수밖에 없는 입구였다. 그 출입문에 사람을 구하는 쪽지가 붙어 있었다. 책을 가까이 할 수 있다는 것만으로도 충분했다. 그렇게 홀린 듯이 발을 들였다. 무저갱으로 떨어지듯이.

 헌책방의 세계는 그동안 순례하던 책방과는 확연히 달랐다. 분위기만 놓고 보자면 지하조직에서 암암리에 활동하는 불온 집단으로 느껴질 정도였다. 군데군데 빛을 내는 백열등은 지하의 어둠을 간신히 밝히고, 통로마다 사방을 꽉 메운 책들은 멀건 빛에 존재를 드러내며 그림자 사이에서 서로 다른 각을 세웠다. 책을 찾는 사람들은 흡사 두더지처럼 책과 통로의 사이사이를 헤집고 다녔고, 나는 구석의 작업실에서 끝없이 밀려드는 책들을 살펴보느라 몸을 제대로 가눌 수 없었다.

수습이라는 이유로 채 백만 원도 되지 않는 급여를 받았지만 일은 재미있었다. 정말 다양한 책을 보고 만졌다. 판본과 출판사에 따라 그 모습이 완전히 달라진 책, 어떻게 읽을까 싶은 세로쓰기로 된 책, 저자가 사인한 책, 한 줄마다 자신의 생각을 담은 책, 해괴한 사상가의 책, 지루한 책, 냄비 받침과 비상금 보관용으로 쓴 책까지. 그러니까 헌책의 역사를, 책의 지문과 나이테를 들여다보는 즐거움이 있었다.

헌책방도 인터넷이라는 변화를 따라갔다. 하루에 300여 권이 판매될 정도로 규모가 컸으니, 온라인 주문부터 배송까지 직원들이 맡은 일도 조금씩 달랐다. 나는 입력하는 사람이었다. 먼지를 털어내고 제목과 출판 연도, 책의 상태와 판본, 마지막으로 가격을 넣었다. 단순한 일이지만 다른 의미로 책의 일생을 들여다보았다. 그 책이 거친 삶이

면면이 보였다. 어떤 책은 도서관의 장서에 밀렸고, 어떤 책은 수없이 빌려서 읽히다가 등이 굽고 철심에 박혀오기도 했다. 폐지로 나락까지 갔다가 돌아오기도 했고, 연서처럼 고이 접혔다가 세월에 잊혀 들어오기도 했다. 책마다 사연이 있었고 그것이 가치가 되었다. 때로는 겁나는 책도 있다. 내가 산 나이로는 가늠할 수 없는 깊이가 있었다. 사연을 모르면 괜히 무섭고, 슬프고, 쓸쓸하여 값을 매기기 어렵다. 그러한 책만 뒤로 미루었다가 사장이 보아 온 눈으로 값을 정했다.

점심을 먹고 남은 시간엔 수집가의 마음으로 책장을 기웃거렸다. 겹겹이 쌓인 책들 사이로 보일 듯 보이지 않는 책 한 권이 궁금하여 한껏 숨을 참고 무더기를 뒤졌다. 먼지를 깨우며 건진 책은 생각보다 큰 기쁨을 준다. 이상과 김수영, 장정일과 같은 시인을 좋아했기에, 처음 보는 책이라도 발견하면 보물을 찾은 듯 마냥 신났다. 그중 이상의 책은 출판사를 가리지 않고 모았는데, 가장 구하고 싶었던 태성사의 〈이상 전집〉은 손에 들어오지 않아 아쉬웠다. 그렇게 책을 찾아 헤맬 때, 우연히 매장 한구석에 있는 작은 다락방에서 장정일의 시 「삼중당 문고」의 그 삼중당 문고를 봤다. 몇 개의 계단을 숙이고 올라가 앉으면, 문고본 책들이 노란 불빛을 받으며 다락방 전체를 감싸고 있었는데, 그 책들이 너무 오래되어 곰팡내를 풍기는, 이스트를 넣은 빵같이 커다랗게 부푼 삼중당 문고였다. 시로만 읽었을 때는 구체적으로 떠오르지 않았는데, 직접 보고서야 비로소 이해할 수 있었다. 오랫동안 닳도록 읽지 않으면 표현할 수 없는 문장이었다는 것을. 좋아하는 작가를 곁에 두고 싶은 마음이 그 시대와 가장 가까운 책을 찾게 하는 건 아닐까 했던 내게, 이런 경험은 헌책방에서 얻을 수 있는 문학적 소산이었다.

사장은 대부분의 책을 폐지 수집상에서 가져왔기 때문에 항상 몸에서 쩐내가 났다. 헌책들은 온갖 것들과 섞여서 버려졌다가 사장의 손을 거쳐서야 헌책방으로 돌아온다. 매번 그 오물들 속에서 땀을 흘려가며 책을 골라내고 있으면 어떤 기분일까. 사장의 인터뷰를 본 적이 있다. '헌책방은 그 자체로 문화적 소산과도 같다. 책은 그 시대의 지성과 생활양식을 담은 그릇과도 같아서 그것을 한데 지켜줄 공간이 없다면 가치가 있는 역사적 자료를 잃게 된다'라는 내용이었다. 인터뷰에서 이야기한 사장의 신념은 거창하지만, 헌책을 대하는 마음을 수없이 새기지 않았다면 그 오물 속에서 헌책을 걷어 올리는 일이 쉽지는 않았을 것이다. 그런 의미로 사장은 헌책과 닮았다. 낡고 냄새나는 헌책이지만, 그것을 또 필요로 하는 사람들이 있어서 가치가 생긴다는 것을 깨닫는다. 그래서 자신을 살피는 마음으로도 헌책을 다루고 있음을, 이 일을 해 보니 알게 된다.

인터넷 헌책방으로 바뀌는 때에도 동네에 헌책방이 어느 정도 있었다. 지금은 대부분 사라지고 말았지만, 시대의 빠른 변화만으로는 이 상황을 설명하기엔 어려운 것 같다. 언젠가 사장이 직원들 앞에서 알라딘에게 인수 제의를 받았다고 이야기한 적이 있다. 사장은 그동안 쌓아온 경험과 그 가치의 중요성을 말하고 싶어서 꺼낸 이야기였겠지만, 자본의 힘을 갖춘 대형서점이 헌책 시장에 들어섰을 때 어떤 변화가 생길지 생각해 봤을까. 동네 헌책방이 겪던 가장 큰 문제는 책을 사들이는 일이었다. 책의 값을 매기는 기준이 명확하지 않고 수거의 불편함이 컸다. 그러니 개인의 입장에서는 힘들게 책을 들고 와서 헐값에 넘기는 기분이 들 때가 많았다. 이런 불친절한 방식이 사람들로 하여금 동네 헌책방을 외면하게 되지 않을까 고민했다.

훗날 동네에서 책방을 시작하면서 헌책을 판매했지만, 헌책방이라는 이름을 달고 계속 감당하기엔 쉽지 않다는 것을 알고 있었다. 사장과 같은 소명 의식도 없거니와 다양한 헌책을 수용할 능력도 없었다. 작은 선순환의 역할로만 대하고 싶었다. 이미 기업형 중고 서점이 곳곳에 있으니 굳이 할 필요성도 느끼지 못했다. 그럼에도 헌책방을 자주 생각한다. 모든 헌책을 마다하지 않고 포용하던 공간의 따듯함이 그리운 걸까.

그저 오래되고 낡아서 상품으로서 가치가 없다고 여겨지는 책들은 점점 돌아올 곳이 없다. 아니, 돌아와도 이제는 봐줄 사람이 없다. 그런 기분이 들면 동묘의 벼룩시장에 갔다. 세상의 모든 헌것이 모였다. 여기서 '청계천 서점'을 우연히 찾았는데 책방 앞에 몇몇 사람이 쪼그리고 앉아 책을 고르고 있었다. 그런 모습이 헌책방 시절의 한 부분을 끄집어낸 것 같아 반가웠다. 나도 껴서 같이 책을 찾아본다. 그 시절의 과월호 잡지를 고르는 마음으로.

사계절을 보내고도 3년을 더 일했던 헌책방은 재개발로 서울을 떠났다. 그 자리엔 고층 아파트가 들어섰는데 근처를 지날 때면 가끔 생각난다. 책방 앞 비질로 하루를 시작하고 마감할 때, 땀을 흘리고 쉬는 중에 마시는 믹스커피의 단맛, 몇 시간을 헤맨 끝에 찾아낸 한 권의 책, 비가 오면 더 눅진한 냄새가 나던 헌책들, 일을 마치면 사장이 사 들고 온 수박을 옹기종기 모여서 갈라 먹던 일, 새로 마련한 창고에 종일 책을 나르고 몸살 났던 일. 추억이 되면 힘들었던 것도 그리워진다. 그런 기억들을 생각하면 흙 속의 고구마처럼 천천히 자랐을 그때가 그립다.

살아남는 것보다
슬퍼하는 것보다

카프카의 밤
계선이

'책방 밭개'를 처음 알게 된 것은 직거래하던 출판사 다빈치 사장님을 통해서였다. 보통 도매업체와 거래를 하지만 일부 출판사와는 직접 책을 사고파는 사이가 된다. 그중에서 또 일부 출판사와는 거래를 넘어 책을 매개로 동료애 같은 걸 나누게 된다. 인문서와 예술서를 펴내는 다빈치가 그랬다. 사장님은 어쩌다 한 번씩 소량을 주문하는 서점임에도 부산에 오면 깜짝 방문해 "아직 안 망했네요" 하며 생존 여부도 확인하고 신간 뒷이야기, 만들고 있는 책 이야기 등을 들려주곤 했다. 그날도 서점에 들른 사장님이 여느 때와 달리 몹시 흥분해서 이야기하던 목소리가 귓가에 생생하다.

"이야~ 전포동에 서점이 새로 생겼던데 가봤어요? 요즘 세상에 인문학 서점이라고 간판에 떡하니 써놨더라고?!"

인문학 서점? 2017년 롸잇나우?? 한창 독립서점이라 불리는 작은 책방들이 전국 곳곳에 많이 생겨나던 때였다. 내가 운영하는 '카프카의 밤'도 그중 하나로 문을 연 지 반년이 채 안 된 때였다. (지금도 그렇지만) 작은 책방 하면 주로 취향 공동체, 감성 저격 공간 같은 이미지로 소비되곤 한다. (지금도 그렇지만) 부산의 전포동은 개성 있고 인스타 감성 물씬한 가게들이 속속 들어서서 젊은 층이 자주 찾는 '힙'한 거리였다. 그런 동네에 인문학 서점이라니. 1970~1980년대 보수동 책방골목에서 민주화를 이끌었다는 전설의 사회과학 서점들이 떠오르는데, 지금 내가 상상한 게 맞나?! 직접 확인하고 싶었다.

책방 밭개에 가보고 깜짝 놀랐다. 책을 돋보이게 하는

기품 있고 진지한 서점 외관. 벽돌책과 고전들로 가득한 내부 서가. 안 팔릴 것 같은 책들이 책장에 빼곡히 꽂힌 채 나를 내려다보고 있었다. 마르크스, 레닌, 니체, 가라타니 고진 같은 이들의 전집과 선집, 각종 철학서, 사회과학 서적, 동아시아 역사서, 예술서, 문학과 다양한 신간까지 문사철의 향연 와……. "공부 열심히 안 할래?" 학교 졸업하고 이렇게 혼나는 느낌은 오랜만이었다. 향상심(이라 쓰고 지적 허영심이라 읽는다)만 높은 사람으로서 '이 책들 다 못 읽고 죽겠군' 하는 좌절감과 함께 분발해 보자고 자극받는 기분, 은근 좋았다고 하면 이상한가.

그날 롤랑 바르트의 『글쓰기의 영도』를 사서 나온 걸로 기억한다. 당시 롤랑 바르트 책을 읽고 있어서 눈에 띈 데다 다른 책에 비해 현저히 얇은 두께라 집어 들었다. 그리고 한 줄도 읽지 않은 채 여전히 책장에 고이 꽂혀 있다. 하지만 얼마나 아름다운 일인가. 지금도 그 책을 만져보고 표지를 쓰다듬으며 책방 밭개에 처음 갔던 날을 어제 일처럼 떠올릴 수 있으니 말이다. 묵직한 침묵으로 내 손길을 기다리던 차분한 서가의 공기, 주황색 조명, 책방지기와 어색하게 인사를 나누던 순간이 이 책에 담겨 있다. (그러니 여러분 가까운 동네 서점에 가서 책을 사세요!)

첫 만남 이후 손님으로, 서점 운영의 희로애락을 나누는 동지로 책방 밭개에 들락거렸다. 알고 보니 밭개는 전포동의 옛 이름이었다. 그 일대에 오래 살아온 터라 가게 자리를 정하고 독립서점이 붐인 현상도 딱히 모른 채 책방을 열었다고 한다. 철학서와 서브 컬처 장르를 동시에 탐독하는, 지적으로 무척 폭넓고 유연한 밭개지기와 이야기하다 보면 새로 알게 되는 것도 많고, 서가에서 희한한 책을 발견하는 재미도 컸다. 이름도 낯선 소수민족 풍습을 소개한 책이 궁금하다는 이유로 입고되어 있었다. 전포 카페거리를 지나던 사람이 소수민족에 관해 떠올릴 확률은 얼마나 될까? 기적에 가까운 일이 근처 서점으로 걸어 들어가는 순간 얼마든지 벌어질 수 있다.(그러니 여러분 서점은 들어가기만 해도 이득입니다!)

서유럽과 북미 등 선진국 위주의 기존 세계문학이 아

닌, 진정한 의미의 세계문학을 소개한다는 취지로 아프리카, 남미, 동남아시아, 오키나와 등지에서 활동하는 작가들의 시와 소설을 싣는 반연간지《지구적 세계문학》독서 모임을 책방 밭개, 책방 한탸 그리고 우리 카프카의 밤에서 돌아가며 열기도 했었다. 이웃한 여러 서점과 그곳 이용자들이 문학을 매개로 서로 연결되면 좋겠다는 밭개 단골손님의 아이디어였다. 밭개지기의 제안으로 세 서점이 월간지《르몽드 디플로마티크》읽기 모임을 주기적으로 하기도 했다. 덕분에 국내 언론으로는 알기 힘든 세계 시사와 정치, 환경문제 등을 폭넓게 접할 수 있었다.

밭개는 철학, 페미니즘, 사회과학 등 독서 모임으로 읽어나가는 책도 다양했지만, 재미있는 행사도 많이 열었다. 가장 기발한 행사는 작가 생일 축하연이었다. 마르크스, 한나 아렌트 등의 생일을 기념한다는 명분 아래 케이크를 나눠 먹는 행사였다. 그냥 케이크도 아닌, 참가비를 모아 모아 고급 호텔 케이크, 파티셰가 특별 제작한 케이크가 짜잔 등장했다. 밭개지기 덕분에 2024년 카프카의 생일도 한 차례 챙겼다. 7월 제철 과일인 살구가 초콜릿과 기막힌 조화를 이룬, 내 인생에서 최고로 맛있고 예쁜 케이크였다. 생일 주인공(과 그의 글)이 더 좋아질 것만 같은 효과는 기획자의 큰 그림일 테다.

그 외에도 작가와의 만남, 뜨개질, 꽃꽂이, 식사와 술 모임, 영화 보기 등 책을 둘러싼 유쾌한 자리가 펼쳐지곤 했다. 강한 개성과 폭넓은 호기심, 탐구열을 지닌 책방지기와 밭개 손님들(친구들이라는 말이 더 적절할 수 있겠다)이 함께 엮어가는 시간이었다. 아마 우리 모두 '내가 사랑한 서점-밭개 편'을 쓴다면 다 다른 풍경과 분위기, 느낌을 이야기하리라. 밭개의 다채로운 나날을 담아내기에는 내 경험이 단편적이고 초라하기에 덧붙이는 말이다.

지금은 멈춘 그 시간을 생각하면, 좀 더 자주 가고 책도 많이 샀더라면 하는 후회가 밀려온다. 밭개만큼 여러 서점에 자주 가고 책도 많이 산 책방지기가 있었나 싶다. 총판으로 주문하면 도매가로 살 수 있지만, 서점에서 발견한 책은 그 서점에서 산다는 게 밭개의 소신이었다(우리 서점에서 카프카 전집을 지르던 모습이 얼마나 멋졌는지). 대형 온오프라인 서점이 기존 총판보다 저렴한 공급률을 내세우며 동네 책방 도매 서비스를 시작했을 때도 밭개는 도소매 유통망의 독과점을 우려하며 출판사 직거래나 마진과 무관하게 기존 총판을 이용했다. 노벨상 수상 직후 한강 작가 책을 대형서점에만 유통하고 동네 책방에서는 수급하지 못했던 현상은 결국 이러한 유통 현실과 이어지는 문제이기도 하다. 싸게 사기보다 제값을 치르는 것을 생각하자는 뜻이다.

SNS 사진과 입소문이 방문객 수를 좌우하는 때에 '내부 사진 촬영 금지'를 써 붙이고, 서점을 생계와 무관한 문화 공간 혹은 문학소녀의 취미로 간주하는 언론에 인터뷰 사절을 내걸고, 작은 서점이 처한 현실을 이야기하는 공개 토론회에서 누군가 "더 열심히 노력해라", "큰 서점에 비해 전문성과 경쟁력이 떨어진다"라고 지적하자 마이크를 잡고 있던 서점주만큼 분개하던 모습도 떠오른다. (지적한 이는 동네 서점에 가본 적은 없다고 했다.) 유명 작가 강연 위주로 진행하는 책 축제 대신 시민이 주인공이 되어 독서 모임에서 읽은 책들을 발표하고 함께 이야기하는 장을 만드는 건 어떻겠냐고 제안했던 모습도. (물론 행사 주최 측은 관객이 많이 안 올 것 같다고 거절했다.)

비판적인 시선과 뚜렷한 주관으로 까칠한 서점이라는 명성(!)을 얻기도 했지만, 밭개는 무엇보다 주위를 살뜰히 챙기는 바지런한 일꾼이었다. 직거래하는 출판사에 책을 주문할 때는 다른 서점에도 필요한 책이 있는지 챙기고, 책이 도착하면 버스 타고 발품 팔아 갖다주었다. 부산국제영화제 부대 행사로 남포동 야외 마켓에서 여러 서점이 책을 팔 때, 새벽에 비가 억수같이 쏟아지자 밭개가 세수도 안 하고 혼자 택시를 타고 행사장에 나와 일일이 책을 싸둔 일이 생각난다. 아무 생각 없이 정시 출근했던 나로선 얼마나 고맙고 미안하던지. 정부의 서점 지원 공모가 있을 때 거점 서점 역할을 맡아 주변 서점들, 작가들과 함께 크고 작은 사업을 기획하고 실행한 것도 밭개였다.

밭개에서 만난 책 중에 가장 기억에 남는 책은 비평가

조영일이 쓴 『직업으로서의 문학』이다(역시 얇은 책이다). 이 책을 낸 도서출판b도 이때 처음 알았는데, 무척 공감 가는 내용이라 저자를 우리 서점에 초대해 직접 이야기를 듣기도 했다. '문학이 직업일 수 있는가'라는 이 책의 질문은 주어를 서점으로 바꿔도 유효했다. 서점 일은 직업인가, 서점으로 먹고살 수 있는가, 그럼에도 서점을 하기를 원하는가.

서점 일로 먹고살려면 책을 많이 팔아야 한다. 당연한 말이지만 쉽지 않다. 독서율은 점점 떨어져 책 읽는 사람은 소수이고(원래부터 소수였다는 말이 더 정확할지도), 책이 잔뜩 꽂힌 공간을 배경으로 사진만 찍다 나가는 손님, 마음에 드는 책을 발견하고 그 자리에서 인터넷으로 주문하는 손님도 있다. (우리 서점은 사진을 찍든 인터넷 서점에서 사든 사람 구경 못하는 날이 더 많으니, 흣 내가 이겼다.)

인문학 도서를 판다는 건 더더욱 상업성과 거리가 멀다. 집필에 드는 품과 제작 단가 때문에 인문서는 정가 및 도서 공급률 자체가 높다. 그럼에도 1쇄만 찍고 절판되는 경우가 많아 나중에 찾을 손님을 위해서라도 쟁여놓아야 한다. 한편, 진지한 책을 찾는 독자는 많지 않다. 우리 서점에서 손님들이 자주 찾는 책은 재미있는 책, 또는 힐링되는 책이다. (벽돌책=베개=힐링… 중얼중얼…) 그만큼 우리 사회가 시간과 돈, 마음에 여유를 누릴 수 없는 환경이라는 뜻일 것이다. 그러니 낮은 독서율은 결국 정치 문제이기도 하다. 책 한 권 느긋이 읽을 마음을 품는 건 사치, 먹고살기 위해 끊임없이 돈을 벌고 써야 하는 굴레에서 누구도 자유롭지 못하다.

자본주의가 아닌 사회를 상상하는 것이 불가능하게 느껴지는 시대, 팔릴 만한 것을 갖추기에도 급급한 시대에 밭개는 책방지기가 즐기고 필요하다고 여기는 책, 사람들과 함께 읽고 나누고 싶은 책, 많은 이들에게 알리고 싶은 책을 갖추고 우리 곁에 있었다. 자본주의가 강제하는 틀에서 벗어나 책과 사람, 사람과 사람을 잇는 일을 했다. 그리하여 인문학 서점이 서점에서 파는 책 종류만 가리키는 게 아니라 그곳을 꾸리는 이와 찾는 이들의 태도이자 실천으로 읽고 쓰며 늘 새로워지는 자리라는 것을, 우리가 읽는 책이 삶과 세상과 이어져야 하고 그럴 수 있다는 것을 인문학 서점 밭개는 보여주었다.

북적북적한 전포 카페거리에서 다소 한적한 개금동 주택가로 옮기고 몇 년 뒤인 2023년 10월, 밭개는 문을 닫았다. 영업 종료일 직전까지 책을 새로 입고하고 작가와의 만남을 치르며 서점으로 할 일을 한 뒤였다. 비슷한 시기 밭개의 존재를 알려줬던 다빈치 출판사 사장님도 세계문학 활판 인쇄본 프로젝트를 끝으로 은퇴했다. 조금 울적했다. 서점은 무엇이고, 책을 파는 것은 어떤 의미인지 이런저런 생각이 들었다. 그러다 어느새 이 글까지 쓰고 있다.

내 좁은 경험과 글솜씨로 책방 밭개를 잘 갈무리할 수도 없거니와, 밭개지기는 이미 닫은 서점에 대해 이러쿵저러쿵 이야기하는 것을 그리 달가워하지 않는다. 책이 나오면 잘못 기억하거나 표현한 대목을 지적하며 따질 위험도 있다. 하지만 우리 둘 다 책은 잘 팔리지 않고 이 글을 읽을 사람도 어차피 소수일 것임을 알기에 아무래도 상관없다며 웃어넘길 것이다. (출판사 사장님께는 죄송합니다만, 이건

진실…….)

오랜만에 『직업으로서의 문학』을 다시 찾아보다 저자의 말이 눈에 들어왔다.

"세상에는 살아남는 것보다 슬퍼하는 것보다 중요한 일이 있다."

책방으로 살아남는 것보다, 사라짐을 슬퍼하는 것보다 중요한 것은 무엇일까? 지금도 문득 진지하고 열정 넘치던 그 서가가 그립고, 밭개가 있었다면 분명 재미난 일을 꾸몄을 텐데 싶은 신간을 만날 때면 책방 밭개를 누리던 시간이 선물이었구나 새삼 느낀다.

사라짐과
존재 사이에서

보틀북스
채도운

학교 앞에는 늘 저마다의 서점이 하나씩 있었다. 남편이 학창 시절 다녔던 서점은 비닐하우스 안에 꾸려져 있었다. 학교 주변이 온통 논밭이었던 터라 교실 창밖으로 빼곡한 비닐하우스 풍경을 볼 수 있었다. 서울에서 놀러 온 친척이 이를 두고 바다라고 착각한 적이 있었는데, 아닌 게 아니라 햇빛에 반사되어 반짝이는 비닐하우스를 바라보면 정말 바다의 윤슬을 바라보는 것 같았다. 지금 와 생각해보니 그 서점은 바다 안에 있던 서점이었던 셈이다. 그러나 멀리서 보는 것과 달리 서점 안은 허름했다. 돈이 없던 서점 주인은 녹슬고 무너져 내리는 하우스 안에 판자를 덧대 서점을 만들었다. 학생들은 교문 바로 앞에 있던 이 비닐하우스 서점을 애용했다. 철 되면 뿌리는 거름 냄새 때문에 코를 틀어막으면서도.

남동생이 다니던 고등학교 앞에는 간이 컨테이너를 개조한 서점이 있었다. 투박한 회색 컨테이너는 늘 북적였다. 덩치 큰 남학생들은 서로 먼저 들어가려고 투닥거리곤 했다. 아침마다 컨테이너 서점 앞에는 긴 줄이 늘어져 있었는데, 다들 문제집을 사느라 지각을 면치 못했다. 철없는 남학생 몇이 컨테이너에 조악하게 달려있던 유리창을 깨고 책을 훔치기도 했었다고.

반면 내가 자주 가던 서점은 그야말로 현대식 서점이었다. 빨간 석재 타일로 마감된 5층짜리 건물의 1층에 있었고, 당시 유행한 양식의 커다란 간판에는 '진양서적'이라고 쓰여 있었다. 내부는 스무 평 남짓이었는데, 비닐하우스나 컨테이너 서점을 생각해 보면 얼마나 규모가 컸는지(?) 짐작해 볼 수 있다. 전면이 통유리로 되어 있어서 유리창 너머로 빼곡한 책과 그 사이로 부산스럽게 움직이는 주인 부부가 보이곤 했다.

진양서적은 늘 북적였다. 나는 주로 선생님이 정해준 문제집을 사러 가곤 했는데, 계산대로 가기 위해서는 늘 문학 서적 매대를 거쳐 가야 했다. 학생이 주 고객이라 소설 같은 문학류는 잘 팔리지 않을 텐데도, 주인 부부는 고집스럽게 서점 한가운데에 떡하니 문학 서적 매대를 만들어두었던 것이다. 나는 그 매대를 무시하려 부단히 애썼다. 수험생이라는 처지를 떠올리며, 딱 문제집을 살 만큼만 갖고 있는 돈을 헤아리며 조용히 시선을 돌렸다. 새벽마다 방문 밖으로 새어 나오는 부모님의 한숨을 이해하지 못할 만큼 순진하지 않았다.

그러던 어느 날 나는 진양서적에서 오열하고 만다. 주인 부부를 앞에 두고 두 손을 싹싹 빌기도 했다. 다행히도 도둑질은 아니었다.

고교 시절, 수학 선생님의 별명은 '미친개'였는데, 우리는 이를 두고 '개에 대한 모독'이라고 말하곤 했다. 복도에서 조금만 뛰어도 귀를 잡아당겼고, 문제를 제대로 풀지 못하면 매를 들었다. 공부를 잘하는 친구들도 이유 여하를 막론하고 한 대씩은 꼭 맞았다. 그의 엄격함이 모든 학생에게 고르게 미쳤으니, 그 나름 공정했다고 해야 할까. 여하튼 내게는 공포 그 자체였던 선생님임에 틀림없다.

그때 선생님이 다음 수업 시간 전까지 반드시 사 오라고 한 문제집이 있었다. 그런데 나는 그만 깜빡 잊어버렸고, 엄마에게 문제집 살 돈을 받아두지도 못했다. 호주머니를 탈탈 털어봐도 3천 원밖에 나오지 않았다. 그나마 야간 자율학습을 하면서 간식을 사 먹으려고 아껴둔 돈이었다. 전에 문제집을 준비하지 못한 친구가 모로 세운 자로 손바닥을 맞으며 엉엉 울었던 게 생각났다. 친구들도 다들 문제집을 사고 나면 수중에 남는 돈이 딱히 없었기 때문에 빌릴 수도 없었다.

혼난다는 공포감에 휩싸여 쉬는 시간에 무작정 진양서적으로 뛰어나갔다. 슬리퍼가 끊어지는 것도 모른 채 그야말로 미친개에게 물리지 않으려 숨이 턱에 차도록 내달렸다. 간신히 도착한 서점 앞에 서자 막상 들어갈 용기가 나지 않았다. 책을 정리하고 있던 주인 부부가 문 앞에 쭈뼛거리며 서 있는 나를 쳐다봤다. 학생들이 없을 오후 2시. 무더운 여름이라 매미 소리만 요란했던 그 거리에 우두커니 서 있는 내가 이상해 보였을 테다. 주인 부부는 들어오라며 문을 열어주었다. 나는 한쪽 끈이 끊어져 덜렁거리는 슬리퍼를 질질 끌며 안으로 들어갔다. 무슨 일인지 들어보려고 가까이 얼굴을 내미는 그들을 보니 왜 갑자기 눈물이 터져 나오던지. 두 손을 모아 빌면서 말했다.

"문제집을 사야 하는데 돈이 없어요."

자초지종을 묻는 주인 부부에게 떠듬떠듬 전후 사정을 설명하며 말끝마다 "내일 돈 드릴 수 있어요"라고 덧붙였다. 피식 웃은 아주머니는 간절히 원했던 수학 문제집을 내밀며 말했다.

"곧 종 친다. 어서 뛰어가라."

눈꼬리에 눈물을 주렁주렁 달고 있으면서 입이 찢어

져라 어찌나 크게 웃었던지. 허리를 숙여 인사하고 서둘러 교실로 뛰어갔다. 품에는 수학 문제집과 덜렁거리는 슬리퍼를 안고 힘차게.

그날 이후로 내 마음에 자그마한 틈이 생겼다. 진양서적은 그 틈 사이로 스며들듯 다가와 조금 더 머물러도 괜찮은, 그저 둘러보기만 해도 충분히 괜찮은 기분이 드는 공간이 되었다. 예전과 달리 필요한 문제집만 사서 빨리 나가지 않았다. 여유를 갖고 주인 부부가 가꾸고 있는 서점 안 풍경을 조금 더 세밀하게 보기 시작했다. 카운터 뒤편으로 팔리지 못해 빛바랜 책들이 꽂혀 있고, 주인아저씨가 한 번씩 꺼내 본다는 것도 그제야 보였다. 'A 고등학교 B 선생님'이라고만 말하면 문제집을 쓱 꺼내주는 주인아주머니의 기억력에 놀라기도 했다. 책을 옮기고 진열하는 일이 생각보다 먼지가 많이 날리고 고된 일이라는 것도 주인 부부가 늘 끼던 목장갑을 보며 알았다. 가만히 마음을 열고 지켜보는 것만으로도 공간의 의미가 바뀔 수 있음을 그때 처음 알았다.

사라짐과 존재 사이에서

전보다 마음이 편안해져서일까? 그동안 외면했던 문학 코너도 처음으로 오랜 시간을 들여 살펴봤다. 그리고 그날 처음으로 문제집 대신 소설책을 샀다. 펄 벅의 『연인 서태후』였다. 무려 700쪽에 가까운 어마어마한 두께였지만, 표지에 고고하게 그려진 서태후의 얼굴에 이끌려 돈을 내밀고 있었다. 주인 부부가 두꺼운데 다 읽을 수 있겠냐고 물어봤던 것 같기도 하다.

다음 날, 선생님은 왜 문제집을 가져오지 않았냐며 바짝 모로 세운 자로 손바닥을 때렸지만, 책상 서랍에 들어있는 서태후의 얼굴이 떠올라 하나도 아프지 않았다. 미모의 힘이란! 그 후로 소설이 얼마나 공부를 재미없게 하는지, 소설이 어디까지 모범생을 일탈하게 할 수 있는지를 깨달았다. 틈만 나면 엄마에게 문제집을 사야 한다며 일이만 원씩 받았다. 그렇게 산 소설, 에세이, 시집 등 갖가지 책은 학교 사물함에 차곡차곡 쌓였다. 더 이상 사물함에 들어갈 수 없을 정도가 되자, 친구들에게 책을 빌려주기 시작했다. 이동문고가 열린 것이다. 직장인 시절 차 트렁크에 책을 서른 권 정도 싣고 다니며 직장 동료들에게 빌려주곤 했는데, 이 때의 이동문고의 경험이 이어진 셈이다.

진양서적은 빽빽한 시간표와 야자로 범벅된 일상에서 잠시나마 나를 위한 시간을 보낼 수 있는 공간이었다. 오후 서너 시면 끝나던 매주 수요일 오후의 하굣길, 필요한 문제집을 산 친구들이 빠져나간 진양서적에는 나와 주인 부부만 있을 때가 많았다. 여느 카페처럼 음악 한 소절 흐르지 않는 그 적막이, 더 이상 어색함이 아니라 고즈넉함으로 다가오기도 했다. 나는 가만가만 책을 읽고, 그네들은 바지런히 움직이며 책을 정리하던 나의 평화롭던 수요일 오후를 나는 지금도 간혹 떠올린다. 누군가에게 나 또한 그런 수요일을 건네줄 수 있는 서점이 되길 바라며.

문제집을 사던 고등학생에서 교내 서점에서 전공서적을 사는 대학생이 되면서 아쉽게도 진양서적으로 향한 발길은 뜸해졌다. 그러나 진양서적에서 시작된 소소한 일탈은 꾸준히 이어졌다.

횡령에 대한 벌일까, 책에 대한 애정의 보답일까. 나는 서점 주인이 되었다. 진주 문산읍이라는 작은 동네에서 '보틀북스'라는 이름의 서점을 열었다. 처음엔 유명 커피 브랜드인 블루보틀이 진주에 입점한 줄 알고 찾아온 이도 있었다. 보틀북스는 이름 그대로 병bottle과 책books이 있는 공간으로, 다양한 병 음료와 책을 즐길 수 있는 공간이다.

진주 문산읍은 특별한 동네다. 인구는 7,600명 남짓으로 60대 어르신이 막내라고 불릴 정도로 고령화된 곳이기도 하다. 서점 주변에는 단감, 매실, 딸기 농가들이 들어서 있고, 가로수길 나무 사이사이마다 어르신들이 심어놓은 대파나 상추가 빈틈없이 빼곡하다. 동네가 특별한 만큼 8평 남짓한 보틀북스에서도 빛나는 일이 많이 펼쳐졌다. 어르신들이 키우신 농작물과 책을 바꾸는 물물교환이 이루어지기도 하고, 매화꽃을 배경으로 이웃들과 아나바다 북마켓이 열리기도 했다.

어느덧 7년이라는 세월이 지나 책을 놓을 공간이 점차 부족해졌다. 서점 주인이 되고 보니, 바닥부터 천장까지 쌓여 있던 책들이 로망이 아니라 절망임을 깨달았다. 결국 팔지 못해 서점 주인의 책이 되어버린, 애증이 되어버려 버리지도 못하고 이고 지고 안고 갈 수밖에 없는 책들. 그때 진양서적 주인 부부의 빛바랜 책들이 선연히 떠올랐다.

고민 끝에 책장을 들여놓기로 했다. 새 책장을 사기엔 금액이 만만찮아서 중고 플랫폼을 찾아보게 되었다. 그리고 뜻밖에도 그곳에서 진양서적과 재회했다. 상호도, 주소도 없었지만 단박에 알 수 있었다. 눈에 익은 천장과 바닥 그리고 책장. 몇 장의 사진 아래 이렇게 쓰여 있었다.

서점 폐업. 책장, 매대 일괄 무료로 드림.

나와 있는 번호로 서둘러 연락해 보니 이미 다른 사람이 가져가기로 하여 내게는 기회가 닿지 않았다. 책장 하나라도 우리 서점에 가져다 놓으면 그 시절의 추억이나 역사가 이어질 것만 같은 기분에 아쉬움이 컸다.

이튿날 인사라도 하고 싶어 찾아가니 이미 간판은 내

려가고 유리창에는 임대 포스터가 나부끼고 있었다. 노란 바탕에 빨간 글씨로 쓰여 있는 '임대' 두 글자를 보자 내 추억 속에도 임대 포스터가 붙은 것만 같았다. 곧 나에게도 드리워질 미래처럼 느껴지기도 했다.

누구는 지속이 어려워 폐업하고, 누구는 새로운 희망으로 서점을 연다. 스쳐 지나간 수많은 서점이 떠오른다. 서점은 멸종위기 업종이라는데, 왜 여전히 존재하는 걸까. 그리고 나는 왜 서점을 시작했을까.

보틀북스로 돌아와 멍하니 앉아 있는데, 단골손님인 나현이가 들어왔다. 초등학생 때부터 본 나현이는 어느새 중학생이 되어 벌써 내 키를 따라잡았다. "(책방)지기님"이라고 부르며 달려오는 나현이를 보며 설령 보틀북스가 사라진다 하더라도 누군가의 추억 속에 남는다면 나쁘지 않겠다는 생각이 들었다. 엄마 손을 잡고 오던 나현이는 머잖아 고등학생이 되고, 언젠가는 내가 그랬듯이 먼 곳으로 떠날지도 모른다. 그런 나현이가 다시 진주로 돌아왔을 때, 그때도 나는 이 자리를 지키며 "지기님"이라고 부르며 달려오는 나현이를 맞이할 수 있을까? 스러져간 수많은 서점 주인을 떠올리면 쉽게 답하기는 어렵다. 하지만 한 가지는 확실히 깨달았다. 나에게 진양서적이 그랬듯, 누군가의 마음속에 '그런 서점이 있었지'라는 기억으로 남을 수 있다는 것만으로도 보틀북스를 지속해야 할 이유가 있다는 것을.

내가 사랑했던,
당신도 사랑했을
서점

서호책방
류지혜

서호책방의 문을 연 건, 동해와 삼척에 책방이 하나도 없던 2019년이었다. 5년만 해 보자고 호기롭게 시작한 책방은 문을 열지 않을 때보다 열었을 때 손해인 날이 허다했다. '코로나가 지나면 괜찮아지겠지', '봄이 오면 나아지겠지' 하고 밝은 내일을 기대하며 문을 열었다. 그동안 깊은 애정으로 책방을 찾는 손님들 덕분에 5년 동안 이 공간을 이어갈 수 있었다. 하지만 재계약을 앞두고 책방의 내일에 대한 고민이 깊어졌다. 책방을 유지하기 위해 우리 가족은 두 번이나 이사를 해야 했고, 아이들을 충분히 돌보지 못하고 있는 건 아닐까 하는 생각도 들었다. 그러나 책방과 함께 자란 두 아이가 마음껏 읽고 쓰는 사람으로 자랄 수 있도록 이 공간을 계속 열어두고 싶은 마음이 컸다.

현실적으로는 열어야 하는 이유보다 닫아야 하는 이유가 더 많았지만, 문을 닫으면 오롯이 나로 있을 수 있는 유일한 공간이 사라지고 오랜 시간 함께 책을 읽어온 책 친구들도 갈 곳을 잃을 수밖에 없다. 돌봄의 자리에서 벗어나지 못했던 나를 읽는 사람으로 만들어 준 '동쪽바다책방,'이 문을 닫았을 때, 갈 곳을 잃고 마냥 그리워했던 나처럼 책 친구들 또한 서호책방을 그리워할 것 같았다. 그래서 언제까지일지 모르겠지만, 조금 더 이 공간을 열어두기로 했다.

결혼을 하고 차례차례 세상에 나온 두 아이를 키우며 삶의 많은 것이 달라졌다. 육아와 살림이 삶의 중심을 차지하면서 나를 위한 시간은 좀처럼 나지 않았다. 아이를 재우고 짬짬이 책을 읽는 시간이 나를 위한 유일한 시간이 되었다. 틈새 독서로 아이들 곁에서 버티던 중, 남편의 직장 발령으로 동해에 오게 되었다. 부끄럽지만, 그때까지만 해도 동해 바다만 알았지 '동해'라는 이름의 도시가 있다는 건 전혀 몰랐다. 그렇게 낯선 곳에서 외따로이 지내던 어느 날, 동네에 책방이 생긴다는 소식을 접했다. 간소한 삶에 대한 책을 읽다가 알게 된 작가가 여는 책방이었다. 그 작가의 책을 읽으며 일상에서 육아와 살림을 덜어내고 읽는 시간으로 채우기 시작했기 때문인지, 그 소식이 마치 책에 파묻혀 살고 있는 날 위한 것처럼 느껴졌다.

책방이 문을 여는 날, 아이들이 등원하자마자 동쪽바다 중앙시장으로 향했다. 책방은 동쪽바다 중앙시장 입구에 있었다. 그래서인지 책방 이름도 '동쪽바다 책방,'이었다. 이름 끝에 붙은 콤마에 눈길이 갔다. 어떤 의미로 붙은 것일까. 악보에 나오는 쉼표처럼 휴식이나 쉼을 의미하는 것인지 궁금했다. 그동안 주로 도서관이나 대형 서점에서 책을 사거나 읽어서 그랬을까. 생각보다 작은 서점 앞에 서자 쉽게 들어가지 못하고 한참을 머뭇거렸다. 책방은 통창으로 되어 있어 밖에서도 내부가 잘 보였는데, 문학과 삶, 예술을 품는 사람이 주인임이 드러나는 책들이 통창 아래 테이블 위에 놓여 있었다. 내가 좋아하는 책을 작가님도 좋아하다니. 책과 블로그에 올라온 글로만 보아온 작가님, 아니 책방을 지키고 있는 사람이 궁금해지기 시작했다.

용기를 내 문을 열고 들어가자 소박한 공간이 주는 편안함이 온 마음을 감쌌다. 느슨하게 놓인 책장에 무질서하게 꽂힌 책들과 호기심을 자극하는 독립출판물들이 눈에 띄었다. 벽에는 책방지기가 여행지에서 쓴 일기와 여행 사진, 다양한 그림과 포스터가 자유롭게 붙어 있었다. 들어올 때 망설이고 긴장됐던 마음이 책방을 둘러보다 보니 어느새 친한 친구네 거실에 있는 것처럼 편안해졌다. 대형 서점처럼 책이 많진 않았지만, 이상하게도 읽고 싶은 책은 훨씬 더 많았다.

육아로 지친 날, 우울하거나 외로운 날이면 자연스레 책방으로 발걸음이 향했다. 아이들이 등원하고 혼자 집에 있어도 집안일을 해야만 할 것 같아서 일부러 책방을 찾곤 했다. 집에서는 '아내', '엄마'라는 역할에서 자유롭지 못했다. 책을 읽다가도 설거지를 해야 했고, 쌓인 먼지를 털어내야 할 것 같았다. 나만의 시간을 되찾기 위해서라도 책방에 가야 했다. '아내', '엄마'가 아닌 '나'를 찾아간다는 마음으로.

책방에 들어서면 엄마를 부르는 아이들의 목소리와 세상의 소음에서 벗어날 수 있어서 좋았다. 잔잔한 음악, 희미하게 퍼지는 캔들 향기, 책장을 넘기는 소리, 커피포트에 담긴 물 끓는 소리, 책을 고르는 손님들과 책방지기의 조용한 움직임에 마음이 평온해졌다. 책방 테이블 서랍에 있는 방명록에 그날의 기분이나 생각을 적고, 다른 이의 흔적을 읽는 것도 작은 위로가 되었다. 책보다 공간이 먼저 말을 걸어오는 것 같았다.

고심하며 고른 책 한 권과 믹스 커피 한 잔을 타서 책방 한가운데에 있는 소파에 앉아 아이들이 돌아오는 시간까지 머무르곤 했다. 책을 사기 위해서도 갔지만, 사람이 그리운 날이면 책방을 찾아 책방지기와 이런저런 이야기를 나누다 돌아오곤 했다.

단골손님이 되어 있던 어느 날, 책방에서 독서 모임이 시작되었다. 책방에 처음 들어갈 때도 용기가 필요했는데, 낯선 사람들과 함께 책을 읽고 나누는 독서 모임 신청은 더 크게 심호흡을 해야 했다. 혼자 읽는 것에서 벗어나 누군가가 골라준 책을 같이 읽고 한 자리에 모여 책 이야기를 나누는 시간은 낯설고도 특별했다.

그동안 눈으로만 가볍게 읽었는데, 독서 모임을 하면서 함께 나누고 싶은 문장에 밑줄을 긋고, 그 아래에 내 생각도 적으며 눈과 마음으로 깊이 읽기 시작했다. 책을 읽는 속도는 훨씬 느렸지만, 다 같이 듣고 말한 이야기들은 쉽게 지워지지 않았다. 또, 내가 가볍게 넘긴 문장이 누군가에겐 깊은 위로가 된다는 것이, 저마다 밑줄 그은 문장과 책에 대한 해석이나 생각이 다른 것도 흥미로웠다. 분명 한 권의 책인데, 이야기를 나누다 보면 사람 수만큼의 책을 읽은 것처럼 풍성해졌다. 혼자였다면 읽다가 혼자였다면 읽다가 포기했을 두꺼운 책이나 읽지 않았던 장르의 책도 약간의 강제성과 책 친구들의 응원으로 끝까지 읽을 수 있었다. 그렇게 '동쪽바다 책방,'에서 함께 읽은 책, 나눈 이야기가 차곡차곡 쌓이면서 나는 조금씩 성장했다. 독서 모임을 시작으로 책방에서 열린 여러 행사에 참여했고, 처음으로 혼자 여행을 떠나기도 했다. 아이들 책은 두 권씩 사면서 내 책을 사는 건 망설이던 '엄마'로만 살던 내가, 어느새 '나'를 위한 책을 더 많이 사고 있었다. 삶의 방향이 아이들 중심에서 '내가 원하는 삶'을 고민하는 나를 향해 흘러가기 시작했다. 아이들을 사랑하는 데도 최선을 다했지만, 나를 자라게 하는 일에도 마음을 썼다.

어느 날, 책방지기가 여행을 떠나며 책방 열쇠를 건넸다. 책방 일을 부탁한 건 아니었다. 책방이 닫히면 갈 데가 없다는 걸 아는 책방지기가 마음껏 책을 읽고 가라며 건넨 선물 같은 마음이었다. 그날부터 매일 책 한 권을 들고 책방에 갔다. 문을 열고 작은 입간판을 꺼내놓으며 책방의 하루를 시작했다. 책방지기의 책상에 앉아 손님을 기다리면서 책방을 나만의 서재, 작업실로 사용했다.

그때 우리 집에는 내 방은 물론 내 책상도 없었다. 아이들이 찾을 때 바로 움직일 수 있도록 거실이 보이는 식탁에서 책을 읽거나 시간을 보냈다. 아이들이 책이나 장난감을 들고 오면 식탁은 어느새 놀이터가 되었고, 내 자리는 사라졌다. 하지만 '동쪽바다 책방,'에서 제멋대로 책방지기가 된 며칠 동안은 나만의 책상에 앉아 좋아하는 음악을 틀고, 그 누구의 방해도 받지 않은 채 온전히 혼자만의 시간을 누릴 수 있었다.

책을 읽다 문득 '손님이 오면 어떻게 인사할까?', '책은 어디에 담아줄까?', '책방을 나설 땐 뭐라고 인사해야 할까?' 같은 상념을 수첩에 끄적이며 힐끔힐끔 밖을 내다봤다. 책방 근처를 지나는 사람들의 모습이 보이면, 누군가 들어오진 않을까 기대하며 자리에서 일어났다 앉았다를 반복했다. 손님이 거의 없을 거라고 했지만, 정말 대부분의 시간을 혼자 보내게 될 줄은 몰랐다. 문득 '동쪽바다 책방,' 이 문을 닫으면 어쩌지 싶어 걱정스러웠다. 괜한 걱정인 줄 알면서도 손님인 척 하루에 한 권씩 책을 샀고, 책방지기가 그랬던 것처럼 제목과 금액을 빈 종이에 또박또박 적어두었다. 여행에서 돌아온 책방지기가 여행지에서 산 책갈피와 그림책을 선물하며, 짧은 책방지기로서의 시간은 끝이 났다. 잠시나마 나만의 방을 가질 수 있었고, 부럽기만 했던 책방지기라는 일의 그늘을 조금이나마 느낄 수 있었던 그날 이래 '동쪽바다 책방,'은 내 속에 더 깊숙이 자리 잡았다. 언제든 가고 싶을 때 갈 수 있는, 나를 향해 열려 있던 곳이 되었다. 계속 그 자리에 있어주길 바랐다.

그러던 어느 날, 갑작스러운 운영 종료 소식을 들었다. 책방지기가 동해를 떠나게 되면서 문을 닫을 수밖에 없는 사정이었다. 책 친구들과 책방을 살릴 방법을 모색했지만, 결국 2017년 9월 '동쪽바다 책방,'은 문을 닫았다. 나를 성장하게 하고 책 친구들을 사귄, 소중한 공간이 한순간에 사라져버렸다. 애정을 쏟았던 공간이 사라졌다는 사실이 좀처럼 받아들여지지 않았다. 애정의 깊이만큼 막막한 마음이 차올랐다.

책방이 있던 자리에는 공방과 타로 카페가 차례차례 들어섰다가 사라졌다. 유리문 너머를 들여다보면, 벽에 붙은 에어컨만 그대로일 뿐 모두 낯선 것들이었다. 모든 것이 바뀐 공간 앞에서 자주 '동쪽바다 책방'을 떠올렸다. 조그만 칠판에 분필로 'OPEN'이라고 적힌 입간판, 마음에 드는 책을 들고 자주 앉았던 소파, 언제나 다정하게 반겨주는 책방지기와 그 옆에서 독서 모임 책 친구들과 책을 두고 이야기를 나누던 시간이 그리웠다. 그럴 때마다 조금 더 자주 갈걸, 조금 더 많이 살걸 하는 아쉬움과 그리움이 뒤엉킨 채 그 앞을 쉽게 지나치지 못했다.

책방에 꽂혀 있던 책들은 절판되지 않는 이상 어디서든 살 수 있고, 다른 멋진 책방도 많이 생겼지만, 마음 둘 만한 공간은 찾지 못했다. 어쩌면 내가 그리운 건 그곳에 머물던 나의 모습과 함께 시간을 보냈던 사람들 같았다.

책방은 사라졌지만, 책 친구들과 함께 독서모임은 계속하고 싶은 마음에 운영자를 자처하며 독서모임을 이어갔다. 도서관과 카페를 떠돌며 책을 읽다 보니 '동쪽바다책방,'처럼 평온한 마음으로 책을 읽을 안정된 공간이 필요하다는 생각이 들었다. '동쪽바다 책방,'과 똑같을 순 없겠지만, 내가 그곳에서 보낸 시간처럼 누군가를 위해 공간을 준비하고 열어두고 싶었다. 내가 사랑했던 서점을 향한 그리움과 결핍에서 시작된 이 책방이 누군가에게도 '나'로 돌아오는 곳이 되어주고, 떠났다가 언제든지 돌아올 수 있는 곳, 힘들고 외로울 때 생각나는 곳이 되어주면 좋겠다는 마음으로. 그렇게 서호책방을 열었다.

'동쪽바다 책방,'에서 시작된 독서 모임은 10년이라는 긴 시간을 거쳐, 지금도 우리 서호책방에서 이어지고 있다. '동쪽바다 책방,' 책방지기도 다시 동해로 돌아와 이제는 책방지기가 아닌 손님으로, 책 친구로 서호책방을 오가고 있다.

'동쪽바다 책방,'과 책 친구들이 아니었다면 서호책방도, 책방지기인 나도 존재하지 않았을 것이다. '동쪽바다 책방,'의 온기를 품은 이곳에서 나는 여전히 읽고, 쓰고, 좋은 책을 찾아 소개하는 책방지기의 삶을 이어가고 있다. 앞으로도 책방과 책 친구들, 그리고 읽고 쓰는 삶과 잘 버무러져 살고 싶다. 서호책방이 누군가의 사랑하는 서점이길 바라며 오래, 기쁘게 이 공간을 이어가고 싶다.

늑대 아저씨가
있는 서점

버찌책방

조예은

"아니, 서점 하기가 얼마나 힘든데 서점을 차려. 그냥 계룡문고 지점장을 해야지."

'계룡문고' 이동선 대표님께 책방을 준비한다고 말씀드리자 우스갯소리처럼 하셨던 말씀이 떠오를 때가 있다. 책방 운영의 고달픔을 이야기하고 싶으셨던 걸까. 녹록지 않던 계룡문고의 사정을 에둘러 표현하신 걸까.

그로부터 7년이라는 시간이 흘렀다. 그 사이에 한적한 주택가에서 시작한 책방은 이동식 책방을 거쳐 대전 변두리의 작은 마을에 자리 잡았다. 책방을 열고 싶어하는 손님들이 찾아오고, "책방을 해 보고 싶어서요"라는 말을 들으면 뭐라고 말해주면 좋을지 입이 잘 떨어지지 않는다. 망설이다 타이밍을 놓치고 나면, 적극적인 대답 대신 읽어보면 좋을 책을 조심스럽게 건넨다. 누군가의 꿈 앞에서 쉬이 긍정적인 대답을 해줄 수 없는 사람이 되어가는 걸까.

농담으로만 받아들이고 흘려보냈던 계룡문고 대표님의 말씀은 책방을 꾸려나가는 시간이 쌓일수록 묵직하니 새롭게 다가온다. 섣부른 축하가 아닌, 진심 어린 염려를 담은 어른의 대답이 아니었을까 뒤늦게 생각해 본다.

마음 둘 곳을 찾지 못한 채 책에 기대 겨우 통과했던 시절, 이동선 대표님과 계룡문고를 만났다. 어떤 시절 닫힌 마음의 문을 살살 열어주었던 계룡문고, 문득 그 장소를 지키고 있던 이동선 대표님이 보여주셨던 뚝심으로부터 점점 멀어져 가는 오늘의 내가 슬프고 아프다.

대전으로 이사 왔던 그해 3월, 아빠가 세상을 떠났다. 딸 결혼식을 2주 앞두고 일어난 갑작스러운 사고였다. 여러 문제가 얽혀 있어 예식을 취소할 수 없었다. 결국 장례식 후 3주 만에 어쩔 수 없이 결혼식을 치렀다. 결혼식을 마친 날, 장례식 때보다 더 많이 울었다. 생애 가장 서럽게 울부짖었던 밤으로 기억한다.

아빠를 떠나보낸 뒤 정리하지 못한 감정은 살던 집과 동네 곳곳에 숨어 있었다. 되도록 멀리 떠나고 싶었다. 그렇게 임신과 동시에 남편 직장을 따라 대전으로 이주했다.

지인이라곤 남편이 유일한 곳에서 뱃속의 아이와 온종일 시간을 보냈다. 결혼 전에 읽던 책과 남편 책, 인터넷으로 주문한 책을 읽는 일이 하루의 전부였다. 임신 초기에서 안정기로 접어들자마자 서점을 찾아보았다. 책이 있는 공간에 대한 갈증이 쌓여 있었다. 인터넷에서 지역 서점 계룡문고의 존재를 알게 되었고, 임신 7개월의 가볍지 않은 몸을 이끌고 대중교통으로 40분 거리인 원도심 지하상가를 찾았다.

계룡문고는 어린 시절 부모님 손을 잡고 문제집과 동화책을 사러 자주 갔던 영등포역 근처 서점과 비슷했다. 분야별로 코너를 나누어 빼곡하게 채운 책장, 유니폼을 입고 장갑을 낀 채 묵묵히 책을 정리하고 있는 직원들, 책 냄새가 밴 건조한 공기 속 차분한 분위기. 백색등이 환히 켜진 넓은 서점 안을 산책하듯 거닐며 책등에 새겨진 제목을 허겁지겁 읽어나갔다.

서점 안에 있는 작은 카페에서 차를 시켜놓고 그날 고른 책을 보고 있을 때였다. 마르고 올곧은 체형에 빨간 금속 테로 된 안경을 쓴 중년 남성이 다가와 말을 걸었다.

"책 사러 오셨어요?"

대전에 내려와 낯선 사람에게 받아본 첫 질문이었다. 말투에서 다정함이 묻어났다. 나도 모르게 환대의 눈빛과 목소리가 있는 곳으로 마음이 기울고 있었다. 책으로 안부 섞인 심심한 대화를 나눠본 지 얼마나 되었을까. 집이 아닌 곳에서 책 읽는 사람을 만난 게 얼마 만인지 내 안에 있던 견고한 벽에 조금씩 금이 가는 것 같았다. 몇 달 동안 예비 엄마 모드로 살고 있던 나는 어느새 책을 좋아하는 한 사람으로 돌아가 있었다.

내 이야기를 한참 듣고 있던 남성은 기다리고 있었다는 듯 어디선가 책을 들고 왔다.

"그림책 읽어봤어요?"

"그림책이요?"

'내가 읽는 책'의 범주에 들지 않았던 그림책은 어감만으로도 생소했다. 마음속 책장에서 아주 오래전 구석으로 밀려난 장르. 서점에 갔을 때 단 한 번도 관심 레이더망에 잡히지 않았던 책. 어린이들이 읽는 책이자 성인이 된 나와는 거리가 먼 책.

"그림책이 얼마나 좋은데. 한번 들어봐요."

안경을 고쳐 쓰고 바로 그림책을 펼치자마자 제목부터 읽기 시작했다. 내가 누군지, 서점에서 얼마나 돈을 썼는지 상관없다는 듯(책방을 꾸려보니 그의 사심 없는 행동이 얼마나 귀한 것인지 알게 되었다).

"난 무서운 늑대라구!"

이야기 속 세계로 가는 문이 열리듯 두툼한 손에 쥔 그림책이 활짝 펼쳐졌다. 동물 농장에 사는 가축들을 잡아

먹으러 왔던 늑대가 글자를 알아가고, 책을 읽게 되고, 책과 배움을 사랑하게 되었다는 이야기. 책을 좋아하고 책을 좋아하는 사람을 좋아하는 사람이라면 빠져들 수밖에 없는 이야기였다.

누군가가 나를 위해 소리 내서 책을 읽어주는 시간을 생애 처음 경험했다. 다른 사람의 목소리와 호흡을 따라 읽는 일은 신선한 충격이자 조용한 응원이었다. 오래전부터 사랑해 온 책, 내 안에 단단히 뿌리내린 마음으로부터 연한 줄기가 새롭게 뻗어나가는 기분이 들었다.

『난 무서운 늑대라구!』에 나오는 빨간 안경을 쓴 늑대처럼, 서점 안에서 '늑대 아저씨'로 통하는 이동선 대표님은 언제나 서점을 돌아다니며 책으로 말을 걸었고 안부를 물었다.

그 뒤로, 생의 전부를 걸고 30년 가까이 자리를 지키고 있는 늑대 아저씨를 만나러 지하철을 타고 일부러 구도심을 찾았다. 책방을 시작하고 난 뒤에도 아이에게 책을 고르는 즐거움을 선물해 주고 싶을 때면 나들이 삼아 계룡문고를 찾았다. 지하철을 타고 지하상가에서 천오백 원짜리 와플을 먹으며 수많은 상점을 지나 계룡문고에 다다르는 여정을 아이는 무척 좋아했다. 그리고 그 여정만큼 좋아한 건 그림책 코너 옆에 있는 '어린이 책 놀이터'였다.

어린이 책 놀이터는 그림책 코너 옆에 있는, 신발을 벗고 들어가 읽을 수 있는 공간이었다. 천장에 『구름빵』 주인공인 우비 입은 고양이 형제의 모형이 달린 그 공간은, 아이가 읽은 그림책이 하나둘 늘어갈수록 아이에게 안정감을 주는 곳이 되었다. 아이는 계룡문고에 들어서자마자 흥분을 감추지 못하고 어린이책 놀이터로 향했다. 읽고 싶은 책과 갖고 싶은 책을 들고 신발부터 벗었다. 아이 앉은 키에 맞는 작은 테이블과 나무 스툴, 짙은 갈색 마룻바닥이 전부였지만 그림책에 오롯이 집중하기 좋은 쉼터였다. 전면 진열대 다섯 개쯤은 거뜬히 들어가는 자리를 그림책 독자들을 위해 과감히 비워둔 것은 지금 생각해 보아도 대단한 결단이다. 그림책과 어린이 독자들을 위한 구체적인 사랑이 아니었다면 할 수 없는 일이다.

계룡문고의 그림책 코너는 그림책을 좀 더 알고 싶고, 직접 보고 고르고 싶은 사람들에게는 수장고나 다름없었다. 계절마다 바뀌는 추천 그림책, 꾸준히 사랑받은 고전 그림책부터 인터넷 서점 신간과 베스트셀러 페이지에서는 절대 발견하지 못할 보물 같은 오래된 그림책, 그림책에 입문한 사람이라면 반드시 거쳐야 할 작가의 그림책 컬렉션까지. 판매량(베스트셀러)이나 출간일(신간) 기준으로 분류되어 있지 않아 좋았다.

계룡문고에 머무르는 시간 속에 적잖은 영향을 받으며 그림책을 알아갔고, 그 경험은 고스란히 내가 운영하는 책방에 영향을 주었다. 글을 모르는 아이들도 그림이 전하는 메시지와 분위기를 직감적으로 알고 고를 수 있도록 한쪽 벽면에 책표지가 한눈에 보이는 갤러리 같은 서가를 만들었다. 작은 테이블과 스툴을 아이들 키에 맞추어 낮게 제작하기도 했다. 아이 스스로 앉을 수 있는 자리가 있다는 자체만으로 공간으로부터 환대 받는 기분을 느낄 수 있길 바랐다. 나의 첫 그림책방에서 해준 따뜻한 환대를 기억하며 공간을 채워갔다.

"태양이 왔네? 늑대 아저씨가 무슨 책을 읽어줄까?"

우리 모자를 볼 때마다 이동선 대표님은 빨간 안경을 고쳐 쓰고 다가오셨다. 늑대 아저씨의 그림책 책장은 늘 기다려지는 이야기보따리였다. 빨간 안경을 쓰고 그림책을 읽어주는 늑대 아저씨 앞에서는 육아로 늘 긴장 상태였던 마음이 풀리며 어린 시절로 돌아가는 것 같았다. 혼자 아무리 많이 읽어도 채워지지 않던 정서적 갈증을 달래주고, 새롭게 채워주는 서점 주인과의 만남이었다.

계룡문고는 더 이상 만날 수 없지만 만나고 싶은 대상을 향한 그리움과 기다림을 느끼는 장소이기도 했다. 아기는 그림책을 한 장 한 장 넘기는 이동선 대표님의 손에 시선이 머물다 돌아가신 아빠를 떠올리기도 했다. 떠난 아빠를 남몰래 생각하면서 그림책 속으로 얼굴을 파묻곤 했다. 계룡문고의 책 냄새는 주말마다 아빠와 함께 영등포역 근처 대형 서점에서 책 냄새를 맡으며 책을 골랐던 추억을 떠오르게 했다. 꾸밈없이 정직한 책 냄새가 주는 기억으로 그림책을 고르는 시간에 정성을 쏟았다. 계룡문고에만 가면 무장 해제되는 건 아빠와 함께 갔던 영등포역 서점에 대한 그리움 때문이지 않았을까.

2024년 가을, 계룡문고 영업 종료 소식을 sns를 통해 전해 들었다. 코로나 이후 경영난을 겪고 있다는 소문을 들은 지 얼마 되지 않았을 때였다. 한번 가봐야겠다고 마음먹었지만 책방에 발이 묶여 움직일 틈을 내지 못하는 상황이었다. 새벽 내내 잠을 설쳐가며 뉴스를 검색했다. 믿을 수 없었고 믿고 싶지 않았다. 태양이는 어떻게 생각할까. 계룡문고 나들이 단짝이었던 아이에게 제일 먼저 소식을 전했다. 서점 입구에서부터 '늑대 아저씨'를 찾았던 태양이는 계룡문고가 문을 닫았다는 소식을 듣고 저녁 내내 슬퍼했다.

"이제 나는 지하상가 놀러 가면 어디서 책을 사? 그럼 늑대 아저씨는 어디로 가? 그 많은 책을 어떻게 하고?"

아이의 질문에 대답 대신 한숨을 내쉬고 눈을 질끈 감

아버렸다. 복잡한 심정을 개수대에 쌓아둔 그릇과 함께 쑤셔 넣어 둔 채 일단 아이를 서둘러 재웠다. 아이 머리맡에 앉아 호흡을 가다듬으며 영업 종료 안내문을 읽고 또 읽었다. 아이들에게서 언젠가 다시 올 수 있는 서점의 추억을 빼앗아 가슴 아프다는 문장에서 마지막 순간까지도 서점을 찾던 손님들과의 관계를 생각하는 서점 주인의 마음이 보였다. 책방을 한 번 닫고 2년 만에 다시 열어본 경험이 있는 나로서는 행간에 녹아 있는 장소와 인연을 상실한 사람의 애통함이 뼛속까지 느껴졌다. 장소는 '사람'이 중심이고 때로는 전부이기도 하다.

계룡문고의 영업 종료는 상점 하나가 닫은 그 이상을 의미한다. 노잼도시이든, 유잼도시이든 문화 콘텐츠를 평가하는 기준으로 '재미'만 남아버린 세상이 된 것이다. 자극 중심 경험만 좇다보면 소중한 것들이 사라지더라도 무엇을 잃었는지조차 자각하지 못할 것이다. 무엇보다 계룡문고의 영업 종료는 서점 하나가 문을 닫은 데서 그치는 것이 아니다. 지역 문화의 맥이 끊긴 것이나 다름없다. 대전 지역 서점의 30년 역사가 계룡문고를 이용했던 사람들의 기억 속에만 남게 되었다. 계룡문고에서 그림책을 놀잇감 삼아 자란 수많은 대전 지역 어린이들이 추억을 되새길 수 있는 장소가 사라진 것이다.

"그 책 기억나요? 예전에 우리 같이 봤었는데."

장소는 사라졌어도 사람은 남는다. 책 제목은 잊어도 마주 앉아 읽었던 현장의 온기는 기억한다. 시간이 지나도 여전히 기억 속 그곳을 맴도는 감정이 있다.

책방에서 한동안 손님들과 계룡문고를 이용했던 각자의 추억을 나누곤 했다. 그림책이 사라진 자리, 지나간 시간에 대한 이야기를 하면 할수록 안타까움과 애틋함이 자랐다. 30년을 버텨온 지역 대표 서점이 사라지는 데 걸리는 시간은 단 하루에 불과했다. 대전 원도심을 말할 때 더 이상 계룡문고를 들렀다는 사람을 만나지 못할 것이다.

그렇지만 늑대 아저씨를 알기 전의 나로 돌아갈 수는 없다. 대전 생활을 시작하면서 만난 첫 환대의 장소, 그곳을 지켰던 사람, 마주 앉아 함께 읽었던 그림책, 그리고 시시콜콜한 대화까지. 아득해져가는 기억으로만 만날 수 있는 시간과 공간의 온기를 향한 그리움은 힘이 셌다. 사라진 시절은 지금의 버찌책방 책방지기라는 정체성의 일부를 만들어 주었기 때문이다.

어떤 시절을 향한 애틋함은 책방에 오는 벗들을 반갑게 맞이하고 싶다는 딱 오늘치 만큼의 결심이 되기도 한다. 책을 좋아하는 마음을 한껏 열어 서로에게 보여주는 투명한 사이, 읽는 사이를 지킬 결심이다. 그림책 서가를 정원 가꾸듯 꾸준히 살피고 돌보기로 한 결심이다.

기억의 낱말들을 따라 한 글자 한 글자 내 몸에 남아 있는 장소에 대한 감각을 옮겨 적어본다. 희미해진 것들이 되레 선명해졌다. 기억하는 사람이 있고, 기억을 기록하는 사람이 있고, 기록을 읽고 나누는 사람이 있다면 물리적 장소는 사라졌어도 장소의 정신은 살아 있게 되지 않을까. 한 사람의 기억이 공통의 기억으로, 각자의 체험에서 비롯된 목소리로 엮은 지역사로, 지역 서점과 늑대 아저씨의 이야기가 희미하게나마 남을 수 있기를 소망한다.

서점은 있었고
책은 남아 있네

북셀러

호재

갈 때마다 똑같은 자리를 지키고 있는 헌책과 골동품들. 책장 위에는 먼지가 소복하고 쓸데없이 큰 가죽 소파와 짝이 안 맞는 의자가 필요 이상으로 많았던 곳. 주인장은 늘 자리에 없고 "책 가격은 정가의 30%"라는 문구가 적힌, 무인 판매에 쓰이는 나무 상자 하나가 서점의 거대한 탁자 위에 놓여있는 모습이 내가 기억하는 '월계서점'이다.

대구의 유일한 헌책방 골목인 남문시장 사거리 일대. 과거에는 50여 곳의 헌책방과 헌책 좌판이 있던 곳이었지만, 어느새 네 곳의 헌책방만 남아 헌책방 골목이라는 이름이 무색하게 느껴지는 곳. 세월을 거스르지도, 그렇다고 세월에 굴복하지도 않은 채 자리를 지키고 있던 헌책방 가운데 가장 많이 간 곳은 단연코 월계서점이었다.

자주 드나들던 시기에 월계서점은 이미 썰렁한 곳이었다. 2019년, 재개발로 63년간 자리했던 기존의 자리가 허물어지고 남문시장 바로 앞 좀 더 큰 점포로 이전한 뒤, 20만 권의 장서를 분야별로 정리해 공간은 더 넓고 쾌적해졌지만 그만큼 쇠락의 징후 또한 더욱 확실하게 드러났다.

월계서점은, 열 번은 가야 한 번 마주치는 주인장의 무심함(그마저도 자고 있는 경우가 많았다) 속에 항상 틀어져 있는 클래식FM 라디오를 들으며 다른 손님 없이 홀로 책을 찾아볼 수 있는 한적함과 편안함을 가진 곳이었다. 노련한 책 수집가의 눈에는 이제 재고도서밖에 남지 않은 한물간 헌책방의 모습이겠지만, 나는 단물 다 빠진 모습 그대로의 그런 월계서점이 좋았다.

월계서점에 특별한 애착을 느꼈던 것은 재고도서로

빼곡한 책장을 잘 들여다보면 많지는 않아도 한두 권쯤 관심이 가는 책을 발견할 수 있었기 때문이다. 이미 책으로 가득 차 더는 책을 매입할 수 없었던 월계서점은 책장의 책이 바뀌는 경우가 거의 없었다. 하지만 눈에 익은 책장을 쭉 훑고 있노라면, 지난 번에 무심코 지나쳤던, 그 사이에 알게 된 작가의 책이나 최근에 관심을 두고 있는 주제를 다루는 제목의 책을 새롭게 발견할 수 있었다. 분명 전에도 그 자리에 있었을 한 권의 책을 새삼스럽게도 오늘에서야 발견한 뒤 소중히 품에 안고 돌아올 때면, 오랜 시간을 버텨온 월계서점이 한 수 가르쳐주는 것 같았다. 많이도 아니고 한두 권씩, 책장 속의 자신을 내주며 새로움이란 받아들이는 것이 아니라 스스로 발견해가는 것이라고 말이다.

이런 가르침은 훗날 내가 책방을 운영하게 되었을 때 헌책을 심도 있게 다루기로 결심하게 된 이유 중 하나가 됐다. 나에게 새로운 책이란 내가 모르는 모든 책이었으므로 이미 오래전부터 존재하던 책도 읽어야 할 순간과 세월에 따라 새로운 책이었다. 그 책들을 발견하는 순간은 나아가고 있다는 느낌을 받았다. 한 권의 책이 두 권의 새로운 책을 만나게 하면서 마치 나무가 자라는 것처럼 연속성을 띠고 성장해 가는 느낌이었다. 이러한 방식의 독서에는 헌책과 신간의 경계가 사라진다. 그저 좋은 책을 찾는 안목만 필요했다. 그러니 월계서점이 가르쳐 준 대로 또다시 읽게 할 한 권의 책을 발견해 가는 방식으로 헌책이라고 해도 새롭게 책을 발견하고 소개한다면, 근사할 것 같았다. 실상은 헌책을 판다는 것이 생각했던 것보다 고된 노동이라는 것을 직접 헌책방을 운영하면서 알게 되었지만, 여전히 오래된 책 속에서 발견하는 새로움이 지금까지 북셀러를 계속하게 하는 가장 큰 즐거움이다.

'북셀러'를 운영하면서도 헌책에 둘러싸여 고단한 마음이 들 때면 한 번쯤 월계서점에 찾아가 시간에 구애받지 않고 지난날처럼 익숙한 책장을 들여다보고 싶은 적이 있었다. 자전거를 타고 10분이면 도착할 곳. 익숙한 책장과 책이 있는 곳. 또다시 한두 권쯤 읽고 싶은 책을 발견할 수 있겠지 하면서도 문득 마음이 내키지 않아 방문을 미뤘다. 이제 내게 헌책방은 낭만의 공간이 아니라 현실이었고, 월계서점은 언제든 갈 수 있으니 다음에 가도 된다고 생각했다. 60여 년을 그렇게 한자리를 지켜온 곳이니까 언제든 그 자리에 있을 것이라고 낙관했다. 그러나 월계서점은 코로나 이후 지속된 경영난을 버티지 못하고 2023년 여름 장마가 시작된 어느 날 문을 닫았다.

월계서점이 곧 문을 닫는다는 소식을 접하고 달려간 날이었다. 대략 2년 만이었다. 늦은 저녁, 주인장 홀로 서점을 지키고 있었다. 늘 틀어놓던 라디오 소리도 없는 적막함 속에서 당장 읽지도 않을 책을 꽤 많이 골랐다. 한 번도 월계서점이 문 닫을 거라고 생각한 적이 없어 아쉬움이 컸다. 이제 더는 이곳의 책을 볼 수 없다는 마음에 집중해 책장을 살폈다. 마지막이라고 생각해서였을까. 눈에 밟히는 책이 정말 많았다. 책장과 책장을 오가며 탁자에는 수십 권의 책이 쌓였다.

　　묵묵히 한 권이라도 더 고르는 것이 주인장에게도 내게도 중요한 일처럼 느껴졌다. 그렇게 다 고른 책을 계산할 때, 주인장은 날 기억하지 못하는지 어색한 말씨로 좋은 책을 잘 고른다고 칭찬하며, 노련한 손놀림으로 단단하고 반듯하게 묶어주었다. 이제 문을 닫아서 아쉽다는 둥 어색한 작별인사는 서로 하지 않았다. 주인장의 손놀림에서 내가 모르는 더 오랜 시간 동안 헌책방 주인이었을 그의 모습이 떠올랐다. 지칠 대로 지친 그가 마지막으로 보여준 헌책방 주인장다운 모습을 지금도 감사한 마음으로 기억하고 있다.

　　얼마 뒤 지나는 길에 들여다본 월계서점은 간판만 남고 임대 현수막이 걸린 채 텅 비어 있었다. 책 한 권 남아 있지 않은 빈 점포는 간판만 떼버리고 나면 서점이 있었던 자리인지 아무도 모를 것 같았다. 담담하려 애썼지만, 내가 사랑한 서점의 말로가 곧 내가 운영하는 서점의 미래처럼 느껴져 착잡했다. 월계서점이 그랬던 것처럼 북셀러에도 언젠가 쓸쓸한 퇴장이 찾아올 것처럼 느껴졌다.

 울적한 생각에서 좀처럼 헤어 나올 수 없었던 어느 날, 우연히 월계서점을 다시 만났다. 정확히 말하자면 월계서점의 책들을 다시 만났다고 하는 것이 맞지만, 그날 나는 월계서점을 다시 만난 것만 같았다. 다른 헌책방의 구석에 잔뜩 쌓여 있던 책 꾸러미들. 월계서점 주인장의 솜씨로 단단하게 묶여있던 책을 보자마자 단번에 월계서점에 있던 책이었음을 알아차렸다. 월계서점과 함께 사라졌다고 생각했던 책들은 여전히 자신들의 새로운 운명을 감내하고 있었다. 그날 내 책장에도 월계서점이 남아있다는 것을 깨달았다. 월계서점에서 샀던 책들을 보면 하나의 책방이 없어져도 여전히 존재하는 책들과 함께 책방에서의 기억만큼은 사라지지 않는다는 것을 느낄 수 있다.

 다른 헌책방의 한구석에서 월계서점의 책들을 다시 만난 날, 서점의 끝을 생각하며 짊어지고 있던 무거운 마음의 짐을 벗어 던질 수 있었다. 존 버거는 「죽은 이들의 세계에 관한 열두 가지 명제」라는 글에서 "살아왔기 때문에 죽은 이들은 결코 무기력할 수 없다"라고 썼다. 비단 죽은 이들의 존재뿐만이 아니다. 세상에 더 이상 존재하지 않는 수많은 것이 죽은 이들과 함께 다른 차원의 세계에 존재하고 있을 것이다. 그것들은 끊임없이 경계를 넘어와 우리들의 삶을 송두리째 바꿔놓는다. 사라진 것을 기억하는 자들에게 사라진 것은 사라지지 않은 것만큼이나 확실하다.

월계서점 또한 물리적인 공간을 상실했지만, 나는 책 앞에서 무기력해지고 헤맬 때마다 월계서점을 생각한다. 주인장이 자리를 비운 사이 도시의 여러 소음과 라디오 소리가 뒤섞이고 책장에서 책장으로 이어지는 미로 안으로 따뜻한 볕이 들던 오래된 헌책방. 그 서점을 생각하면 책 앞에서 막막했던 마음도 느긋해지고 또다시 읽게 할 단 한 권의 책을 발견해 낼 수 있을 것만 같은 기분이 든다. 헤맴은 길지 않을 것이다.

천천히,
다시 서점의 세계로

욘나욘나
무라사키

책의 세계는 사각형이다. 일단 책이 사각형. 책 살 때 내는 돈이나 카드도 사각형. 서점에서 책에 하나씩 끼워주던 책갈피도 사각형이었다. 심부름을 시키는 엄마를 피해 어두운 방구석에서 희미한 빛으로 책을 보다가 눈이 나빠져 안경을 맞추러 갔던 리스쇼핑센터 1층 서독안경원. 그 옆에 있던 이름이 기억나지 않는 서점. 그 서점도 사각형이었다. 키 낮은 책장이 사장님을 사각형으로 에워싸고 있었다.

시청과 시장 사이, 새로 생긴 상가 1층에 지역 최대 규모 서점이라는 전단지를 뿌려서 가본 희문서적. 과연 광활

하다 싶을 크고 넓은 사각형이었다.

그런데 동네에 사각형이 아닌 서점이 있었다. 그럼 어떤 모양이었냐 하면 T. T 자형이었다. 따지고 보면 이것도 길고 짧은 사각형 조합이 아니냐고 할지도 모르겠는데, 아니다. 도형과 문자니까. 두 변이 서로 만나지 않아 각이 생기지 않는, 그래서 사각형과는 전혀 다른 T 자 서점이었다. 이 서점은 이름도 좀 유별났다. 아니, 유난 떨고 있다고 해야 하나. 그 시절 서점 이름은 네 글자 간판만 허용되는 것처럼 '○○서점, ○○서림, ○○문고, ○○서적' 이런 식이었는데, 이 서점은 여섯 글자에 한자어가 아닌 영어가 붙었다. '센터', '원당서적센터'. 그래봤자 다들 센터는 홀랑 떼어 버리고 원당서적이라고 불렀다. 2시에 원당서적 앞에서 보자. 이렇게.

지명을 선점한 데서 알 수 있듯, 원당서적은 지역 대표 서점이었다. 지역 대표 서점답게 원당에서 가장 번화한 곳에 있었고, 또 세 서점 중 가장 먼저 문을 열었고 가장 늦게 막을 내렸다.

시장통 앞, 버스 정류장에서 엎어지면 코 닿을 곳에 원당서적이 있었다. 공교롭게도(?) 등굣길과 달리 하굣길에 내리는 버스 정류장은 그 시장통 앞이었다. 토요일 오후, 학교에서 돌아오는 길에 딱히 살 책이 없어도 일단 들어가 한 바퀴 돌고 나오는 게 일이었다. 사실 한 바퀴를 돌았다는 건 서점 전체가 아닌 잡지 매대를 한 바퀴 돌았다고 해야 한다. 유리문을 밀고 들어가면 런어웨이처럼 기다랗게 뻗은 잡지 매대가 있었는데, 게걸음을 걸으며 비밀번호의 최대 지분을 차지한 '최애'가 나온 잡지며 자극적인 기사로 빽빽했던 여성지를 봤으니까.

지금처럼 갈 만한 데가 마땅치 않았던 시절이라 그렇게 느꼈는지도 모르겠지만, 그땐 서점에서 시간을 보내는 게 전혀 지루하지 않았다. 잡지부터 각종 사전까지 벽이란 벽이 책으로 빈틈없이 들어찬 곳이니 잡지를 보다 흥미가 떨어지면 안쪽으로 슬슬 걸어가 해외문학 서가도 기웃, 세상엔 참 별의별 사전이 다 있구나 싶었던 사전 코너도 기웃, 가장 좋은 자리에 커다란 사각형으로 자리한 베스트셀러 매대도 기웃. 그렇게 몇 시간을 있어도 눈치 주지 않는 사장님까지. 얼마나 좋은 곳인가. 천국이 따로 없었다.

엄마랑 대판 싸우고 뛰쳐나와 딱히 갈 데가 없을 땐, 부루퉁한 얼굴을 하고 원당서적에 가서 애먼 잡지를 거칠게 넘기며 화풀이하고, 하릴없이 서가 여기저기를 서성이며 까닭 없이 날뛰는 마음을 잠재우기도 했다. 불쑥 찾아가도 아무 말 없이 곁을 내주는, 참 소중한 곳이었다.

그런데 배은망덕하게도 인터넷 서점이란 신세계에 발을 디디며 나는 원당서적을 새까맣게 잊어버린다. 그때 내가 주로 이용했던 인터넷 서점은 알라딘의 전신인 '모닝365'였다. 인터넷 서점 간 경쟁이 치열했는데, 모닝365의 특색은 주요 지하철역에 있던 해피숍이란 픽업센터였다. 외출하고 돌아오는 길에 해피숍에 들러 주문한 책을 들고 오는 재미에 푹 빠져 있었는데, 그래도 그 시절엔 스마트폰이 없어 픽업한 책을 바로 읽긴 했다.

나중에 알았지만, 원당서적은 내가 발걸음하지 않은 동안 한결같이 그 자리를 지키고 있었다고 한다. 원당서적에서 멀어진 건 인터넷 서점의 영향도 컸지만, 상권이 쇠락하며 발걸음이 뜸해진 것도 있었다. 아이러니하지만, 상권이 쇠락했으니 인터넷 서점이 무차별 할인 경쟁을 벌이던 시절에도 그 자리를 지킬 수 있었을 것이다.

원당서적이 문을 닫은 건, 우연히 알게 되었다. 자소서를 쓰기 좋은 환경이라는 카페를 검색해 갔는데, 바로 원당서적이 있던 자리였다. 당황스럽기도 하고, 어이가 없기도 하고. 헛웃음만 나왔다. 마지막으로 갔던 게 언제였는지, 마지막으로 어떤 책을 샀었는지 떠올려 보려고 했지만, 아무리 애를 써도 기억이 나지 않았다. 곰곰이 생각해 보니 그러고도 남았다. 무려 10년 이상을 잊고 지냈다. 문 닫기 전에 마지막으로 한 번 갔으면 좋았을 거란 아쉬움이 일었지만, 때늦은 후회였다.

우연한 기회에 목포의 공유책방인 '포도책방'에 입점하게 되었다. 사각형 한 칸 책방이다. 그 사각형 안에 어떤 책을 꽂을까 궁리하며 이 책 저 책 꺼내보다가 오래전 원당서적에서 산 책이 눈에 들어왔다. 십 대의 나는 책을 사면 속표지에 책을 산 날짜와 산 곳을 적는 아이였다는 걸 새삼스레 상기했다. 추억에 잠겨 책등이 바랜 책을 손에 잡히는 대로 꺼내 넘겨봤다. 책을 산 날 본 영화 제목이 적혀 있기도 했고, 같이 있었던 사람 이름도 적혀 있었다. 그리고 꺼내는 책마다 빠지지 않는 네 글자, 원당서적. 아쉬움을 감출 수 없었다. 만약 클릭 한 번에 손쉽게 책을 사는 인터넷 서점과 거리를 두고, 천천히 서가를 살펴 책을 사야 하는 원당서적을 가까이했다면 속표지에 기억을 새긴 책이 더 많았을 테니까.

 속표지 사진을 몇 장 찍고 책을 정리하며 결심했다. 귀찮아하지 말고 책이 있었던 곳과 그날의 기억을 적어야겠다고. 급할 거 없으니까, '욘나욘나(천천히, 느릿느릿).'

낯설고, 유쾌하고,
요상하고, 좋은 곳

제로헌드레드

김하림

나는 다니는 길로만 다니는 사람이다. 목적지를 향해 가장 효율적인 방식을 찾고 나면 그 외의 새로운 길은 개척하지 않는다. 평소에는 주위 풍경도 잘 감상하지 않고 바닥만 보면서 이동하느라 새 가게들이 들어서도 쉽게 눈치 채지 못한다. 그래서 우연히 새로운 장소를 발견하는 일은 거의 일어나지 않는다.

그런데 문득 여행자의 마음으로 길을 걷게 되는 날이 있다. 늘 다니던 익숙한 길을 지나면서도, 이제 막 새로운 곳에 도착한 사람처럼 두리번거리며 시간을 들여 천천히 걷고, 구석구석 눈길을 주고, 새로운 장소에 용감하게 들어가 보기도 한다. 그렇게 운명처럼 마음이 끌리는 공간을 발견하면, 그 이후로 동선이 달라진다. 외출이라도 하는 날이면 어떻게든 그 근처로 발걸음을 옮겨 그 앞을 서성이고, 기웃거리고, 드나들기 위해서 쉬운 길을 어렵게 돌고 돈다. 어떻게 해서든 그곳을 거쳐야만 하루가 완성되는 것이다. 이렇게 일부러 찾아가게 되는 것이야말로 사랑이 아닐는지? 그러나 다가가기만 할 뿐 파고들지 않으니, 나의 사랑은 겉핥기에 가깝다.

좋아하면 점점 더 자세히 알고 싶어진다던데 나는 좀 달랐다. 깊이 알아가기보다는 마주한 그 자리에서 경험하고 느낀 것 자체를 소중히 여기는 편이랄까. 그래서 유래나 맥락 같은 건 제대로 알지도 못하면서 마냥 좋아하기만 한다. 우연히 알게 된 정보도 제대로 기억하지 못하고 잊어버리기 일쑤다. 좋았던 느낌만 남고 자세한 내막은 스르르 흩어지는 것이 다반사인 내가 어떤 장소를 감히 사랑했다고 말해도 될까?

그리운 서점. 딱 하나 떠오르는 곳이 있다. 기억 속 가장 오래된 서점도, 살면서 가장 많이 방문한 서점도, 머무는 곳에서 가장 가까운 서점도 아니었지만 내가 가장 아끼고 사랑했던 서점. 관광객과 상인들로 복잡한 종로의 낮은 건물들 사이를 지나 조용한 골목에 자리 잡은 하얗고 작은 책 가게가 있었다.

미대에 진학했기 때문에 학교에 다니는 동안에는 왠지 모를 의무감에 떠밀려 주말마다 미술관, 전시장을 찾아서 인사동과 종로의 크고 작은 골목을 누볐다. 지하철 3호선 안국역에 내려서 지금은 자리를 옮긴 풍문여자고등학교와 정독도서관을 지나 북촌을 가로질러 청와대까지, 청와대 앞을 지나서 서촌 골목 곳곳을 돌고 돌아 경복궁의 담장을 따라 역까지 걸었다. 북촌 일대와 경복궁 주변에는 미술관과 크고 작은 전시장이 골목마다 가득했고, 덩달아 가게들도 왠지 예술적이고 개성이 돋보이는 재미난 곳이 많았다. 그 동네를 걸을 때면 매일이 여행 같았다. 새롭고 재미난 곳을 보물찾기하듯이 찾아서 고개를 들고 두리번거리느라 걸음이 느려졌다. 나지막한 건물들 위로 하늘이 잘 보이는 동네에는 오래된 식당과 세탁소, 슈퍼마켓처럼 예스러운 가게들과 더불어 갤러리, 지식인들이 모여들 것만 같은 카페, 공방이나 작업실과 같이 새로 생긴 문화 공간이 섞여 있었다. 여느 때와 다름없이 즐겨 찾던 전시 공간으로 발걸음을 옮기던 중 찻길 너머에 'Gagarin'이라고 적힌 하얗고 네모난 간판이 걸린 가게를 발견했다. 그렇게 그 길 위에서 운명처럼 책방 '가가린'을 만났다.

작은 공간에 들어서면 벽면을 가득 채운 새하얀 철제 선반이 맞아주었다. 선반 곳곳에 책이 꽂혀 있었다. 예술, 철학, 건축, 인문학 위주의 책들은 중고 책과 새 책이 구분되어 있었지만, 헌책이라고 해도 낡고 손때 묻은 책이 아니라서 세월의 흔적을 크게 느끼지 못했다. 읽고 좋았던 책을 모아서 곱게 꽂아둔, 깔끔하고 세련되게 정돈한 누군가의 책장에 가까웠다. 낮은 장과 선반에 있는 귀여운 문구와 소품, 수작업으로 만든 독특한 물건을 찬찬히 둘러보다 보니 진열대라기보다 책장 주인의 수집품을 엿보는 기분이었다. 약간 낯설고 어렵지만, 흥미로운 요소로 가득한 공간이었다. 누가 모은 책일까? 누가 만든 물건일까? 답을 알지 못한 채 막연하게 닮고 싶고 나누어 받고 싶은 취향을 가진 그 책방은 꽤 오랜 시간 나의 참새방앗간이 되었다.

종로 쪽으로 전시를 보러 가는 날이면 조금 둘러 가더라도 반드시 가가린에 들렀다. 동선이 조금 엉키더라도, 특별히 살 게 없어도, 안에 들어가지 않아도 그 앞을 꼭 지나서 걷곤 했다. 안쪽 책상에는 공간을 지키는 이⁽¹⁾가 늘 조용히 책을 읽고 있었다. 방해하고 싶지 않은 분위기. 말을 걸어야만 할 때에는 나도 모르게 낮은 목소리로 조곤조곤 말을 걸었다.

가끔 가게 바깥 쇼핑카트에 소책자나 얇은 타블로이드 잡지 같은 것을 잔뜩 넣어두고 무료 배포를 하는 날도 있었다. 그런 날이면 혹시라도 내가 그냥 지나친 멋진 책은 없는지 한참을 뒤적이며 작은 종이 쪼가리 하나까지 샅샅이 살펴보기도 했다. 판매자의 이름이나 소개가 적혀있는 것도 있었는데, 회원이 되면 직접 만든 물건이나 헌책을 팔 수 있는 위탁판매 시스템으로 운영되고 있다는 것을 나중에야 알게 되었다. 독특하고 실험적인 상품들이 제 발로 찾아 들어오는 곳이었던 셈이다.

가가린에 가면 마음에 들어차고 눈에 들어오는 것이 하도 많아서 고르는 게 늘 고역이었다. 처음 몇 번은 양껏 챙겨서 나오기도 했지만, 걷는 동안 번거로운 짐이 되고 다시 올 때까지 다 읽지도 못해서 부담스러운 날도 있었다. 즐거운 마음으로 더 자주 들르기 위해서 미련을 남겨두어야만 했다. 그래서 매번 고민의 고민을 거듭한 끝에 '당장 데려가지 않으면 다시는 만날 수 없을 책'을 한두 권씩 골랐다. 주로 거친 손길로 만든 독립출판물, 좋아하는 작가의 아트북[2], 실험적인 예술 프로젝트의 기록집 같은 것을 샀다. 늘 생각지도 못한 새로운 것을 발견할 수 있었다. 제목을 알아도 다른 곳에서는 도무지 구할 수 없을 것 같은 귀한 보물이 많았다.

가가린이 처음부터 서점이었던 것은 아니라고 했다. 예술 분야의 친구들이 모여서 작은 공간을 마련하고 서로 책을 돌려보는 작은 도서관으로 사용하다가, 최소한의 유지비를 위해 헌책방 겸 위탁판매 상점으로 바뀌었다. 예술과 인문학 위주의 중고 책과 소품을 판매하는 서점인 동시에, 회원이 되면 누구나 자신의 물품을 위탁 판매할 수 있는 가게가 되었다. 여러 사람이 마음을 맞대어 만든 공간이라서 그런지, 큰 수익을 내거나 확장하기보다는 오래도록 그 자리에 있는 것이 목표였다고 한다. 그래서 가가린에는 적극적인 홍보도, 먼저 말을 거는 점원도 없었다. 고요하고 차분한 특유의 분위기 덕에 찬찬히 살펴보고 시간을 들여서 책과 물건을 고를 수 있었고, 그 아늑함이 오래도록 마음에 남아있었다.

학생 시절에는 일주일에도 몇 번씩 드나들던 동네였는데, 직장인이 되어 주말에도 일을 하게 되면서 예전만큼 종로에 가지 않게 되었고, 좋아하던 참새방앗간도 기억에서 흐릿해졌다. 그사이 가가린은 8년의 시간을 뒤로 하고 문을 닫았다. 2015년 가을이었다. 가가린의 운영 종료 소식을 들었을 땐 한동안 새카맣게 잊고 지냈다는 생각에 괜히 미안한 마음도 들었다.

가가린에 처음 발을 들였을 즈음에는 무엇이든 다 받아들이고야 말겠다는 심정으로 눈을 반짝이며 '낯설고, 유쾌하고, 요상하고, 좋은' 것을 찾아서 골목 사이를 누볐다. 가가린에 가면 그 누구도 나에게 말을 걸지 않았지만, 공간 자체와 그 안에 가득한 책과 물건이 말을 거는 것만 같았다. 샅샅이 살피다 보면 자연스럽게 자신의 취향을 발견할 수 있는 곳, 좋은 영감을 주는 곳, 누구나 향유자인 동시에 창작자가 될 수 있는 곳이었다. 책장 한 칸 한 칸이 표현과 창작의 영역에서 기꺼이 실험의 장이 되어주는 곳. 그렇게 서로의 것을 펼치고 발견하고 나누고 교류할 수 있는 장場이었다.

가가린을 시작으로 작가들이 직접 만든 소규모 출판

물을 소개하는 작은 서점들을 더 많이 알게 되었고, 본격적으로 예술 서점과 독립출판에 관심을 두기 시작했다. 쉬는 날이면 작은 책방이 있는 지역을 찾아서 여행을 다녀오기도 하고, 외국에 가도 꼭 서점에 들르는 일정을 끼워 넣었다. 어떤 날은 친구의 친구가 서점을 열었다는 소식을 듣고는 무작정 찾아가서 서점 주인과 한참을 이야기 나누다가 새로이 친구가 되기도 했다.

다채로운 서점에 드나든 덕분에 용기를 얻어서 쓸데없지만 재미있는 실험과 시도도 많이 했다. 좋아하는 책을 분해해서 다시 조립해 보거나, 너무 엉성해서 나 혼자 볼 수밖에 없는 책을 만들기도 했다. 가가린에서 발견한 '누군가의 도전'이 쓸모에 연연하기보다는 좋아하는 것을 마음껏 해보고 싶다는 내 마음에 불을 지폈다.

몇 년 더 흐른 뒤에 일을 그만두면서 내 공간을 운영하겠다는 결심으로 친구의 작업실 창가에 자리를 얻었다. 표현하고 창작하는 사람들이 자기가 만든 것을 직접 소개하고, 관람자를 대면할 수 있는 가깝고 작은 무대를 만들고 싶었다. 자기 작업 세계를 온전히 보여주되 보다 많은 사람들에게 가까이 다가갈 수 있는 결과물이 무엇인지, 어떤 형식으로 보여줄 것인지 고민했다. 책이라는 결론을 얻으며 서점을 열기로 결심했다.

서점을 준비하면서 내가 오래도록 간직하고 있는 책들을 만나게 해준 서점들을 떠올렸다. 거슬러 올라가다 보니 가가린에 도착했다. 퍼즐처럼 꼭 맞는 것은 아니었지만, 그렇게 첫 마음을 되살리며 작은 서점 '제로헌드레드'를 열었다.

나의 취향이 누군가에게 영감이 되기를 바라며 초대하고 싶은 책과 작가들을 찾아 나섰다. 더 나아가서는 나의 서점이 흥미로운 책들이 제 발로 찾아올 수 있는 곳이 되기를 바랐다. 직접 찾아온 작가라면, 어설픈 부분이 있더라도 누군가의 시도를 응원하는 마음으로 누구에게나 책장을 내어주었다.

여러 해 이어가면서 제로헌드레드는 점점 다른 모습

으로 변해갔다. 개인 창작자라 할지라도 모든 책을 입고할 수 없게 되었다. 창작자의 수도, 책의 종류도 범람하는데 형식은 점점 기성의 방식을 닮아갔다. 기획 의도나 내용에 차별성이 없이 반복되는 경우가 많아지는 것에 회의를 느꼈다. 창작자와 출판사의 규모에 제한을 두지 않고 주제와 기획에 매력이 있는 책들을 소개하는 데에 집중했다. 서점에 오는 사람들에게 재미난 질문을 던지거나 새로운 영감을 일으킬 수 있는 책을 골라 들여놓게 되면서 서가는 창작자를 위한 무대가 아니라 서점지기의 컬렉션이 되었다.

하지만 여전히 작고 특별한 움직임에 마음이 더 이끌린다. 조금 낯설고 요상한 모습의 결과물이라도 '이것을 만들지 않을 수 없다', '표현하지 않으면 견딜 수 없다'라는 광기가 느껴지는 것이라면 그 누구보다도 내가 먼저 소개하고 싶다. 난생처음 그런 것들을 만날 수 있었던 곳이라서 가가린을 사랑했고, 사라져서 내내 아쉬워했다. 그동안 가가린 같은 책방이 되기를 바란 건 아니지만, 서점에 들여놓을 책을 고민하면서 가가린에서 만난 작은 책들로부터 받았던 신선하고 충격적인 감각을 되찾고 싶었던 것은 분명하다.

"여기서 만큼은 이런 괴상하고도 유쾌한 작업물을 보여줄 수 있다."

"이 서점에 가면 그런 책을 만날 수 있다."

이런 말을 듣고 싶다.

그 시작에 가가린이 있다.

---

(1) 그때 가가린에서 공간을 지키던 이는 서점 '별책부록'을 운영 중이다.

(2) 여전히 아끼고 사랑하는 책, 이주요 작가의 드로잉 아트북 〈TWO〉

내 유년 시절의
작은 우주

책방 연희
구선아

책 대여점은 서점은 아니다. 책방冊房이다. 책방이란 책이 있는 공간이다. 책을 팔거나 사거나, 교환하거나 빌려주거나, 만들거나. 책을 연결고리로 모든 활동이 일어나는 곳이 책방이다. 그래서 책방은 서점보다 더 넓고 깊은 의미가 있다. 책방을 최근 독립서점이 많아지면서 생긴 단어로 인식하지만, 실은 아주 오랜 시간 이 땅에서 책과 함께 이어진 단어다.

조선 초기 태종은 활자를 다루는 기관인 주자소鑄字所를 설치하였으나, 세종은 이곳을 통하지 않고 책을 만들고 유통하는 책방을 궁중에 설치했다. 그러나 그땐 책을 아무나 볼 수 없었다. 책에 접근하기 어렵고 값이 비쌌다. 책이 상업화되기 시작한 건 세책점貰冊店부터다. 세책점은 돈을 받고 책을 빌려주던 곳으로 18세기 중반부터 20세기 초까지 성행했다. 대체로 사대부가 여성들이 국문소설을 빌려 읽었다. 어쩌면 그들에겐 그것이 일상의 제약에서 벗어나는 유일한 구원이었을 테고, 새로운 세상을 상상하게 하는 비밀스러운 도피처였을 것이다.

이후 최초의 근대서점인 회동서관을 시작으로 여러 형태의 책방이 등장했다. 서점의 전성기를 지나며 1990년대에는 비디오테이프, 만화책, 장르 소설 등을 빌려주는 21세기형 세책점인 책 대여점이 많아졌다. 그러나 하이텔, 천리안, 나우누리 등 PC 통신이 생기며 인터넷 소설이 등장하고 스캔본과 해적판이 떠돌던 때, 많은 책 대여점이 사라졌다. 내가 사랑했던 책 대여점도 내가 천리안에 심취했을 즈음 문을 닫았다.

어릴 적 한 달에 한 번 부모님과 동네의 작은 서점에 갔다. 만화책, 로맨스 소설, 어린이 세계문학 등 장르 불문 다섯 권의 책을 마음껏 고르는 신나는 날이었다. 책을 사는 기쁨이란 걸 알게 된 때다. 새 책의 반짝임과 펼쳐보지 않은 이야기의 단정함은 그때나 지금이나 나를 설레게 한다. 그러다 많은 어린이가 그렇듯 나도 만화에 눈을 떴다. 만화 월간지에 실리던 연재만화가 속속 단행본으로 나오기 시작하던 때, 넉넉하지 않았던 용돈으로 마음껏 책을 볼 방법이 없을까 궁리했다.

1990년대 초중반 만화 월간지나 만화 단행본, 로맨스 소설은 2천 원에서 3천 원이었다. 책 한 권 가격이 한 달 용돈과 비슷했으니 원하는 책을 모두 사는 건 별처럼 먼 일이었다.

'무슨 방법이 없을까? 아르바이트를 할까?'

보고 싶은 만화책을 사고 싶어서 부모님 몰래 어느 날은 빌라촌을, 또 어느 날은 아파트 단지를 돌며 열쇠집 광고 스티커를 붙였다. 당시엔 집집마다 전단지를 돌리거나 광고 스티커를 붙이는 일에 청소년을 고용해 싸게 부리는 일이 종종 있었다. 하지만 수백 장의 스티커는 한 권의 책값을 겨우 따라갈 뿐이었다.

그러던 비 오는 오후였다. 구원의 손길은 우연히 와닿았다.

"나 책 빌리러 갈 건데 같이 갈래?"

피아노 학원에 함께 다니던 친구가 책 대여점에 간다고 했다.

"지금 바로 가야 해. 이따 가면 늦어!"

친구는 기다리던 만화책의 다음 권이 나왔다며 한껏 신나 있었다.

"책 대여점? 만화방 같은 거야? 어디에 있는데?"

"너 책 대여점 안 가봤어? 만화방 아니야. 일단 가자. 책 빌려서 다시 학원으로 오자."

우린 학원 가방을 앞으로 뒤로 휘돌리며 학원에서 두 블록 떨어진 곳에 있는 책 대여점에 갔다. 운동화 끝이 모두 젖어도, 가방이 젖어도 신경 쓰지 않고 신나게 뛰었다.

"아저씨, 『베르사이유의 장미』 들어왔어요?"

"응, 빼놨지. 안 빼놨다가 지난번처럼 무슨 꾸중을 들으려고."

"그럼요, 아저씨! 다음 것도 저 먼저예요!"

능숙하게 책을 빌린 친구는 당차게 예약까지 했다.

"참! 그 소설 들어왔어요? 누구 빌려주시면 안 돼요. 저희 언니가 저녁에 올 거예요."

중학생이었던 친구의 언니는 소설가가 될 거라며 매일 소설만 읽었다. 아마 나처럼 책을 사서 읽기엔 빠듯한 용돈이었을 테니 친구의 언니에게도 책 대여점은 구원자였을 것이다.

책값은 빌리는 책에 따라 달랐다. 만화책은 300원에서 600원, 소설책은 600원, 800원, 1,000원, 잡지류는 1,200원에서 1,500원 정도였다. 책을 사는 가격의 1/5, 1/10 정도의 돈을 내면 일주일간 오롯이 내 것이었다. 그곳은 나에게 한순간에 별천지가 되었다. 처음으로 빌린 책이 무엇이었는지 기억나진 않지만, 그날 난 내 생애 첫 사랑하는 책방을 만났다.

    이름도 기억나지 않는 그곳. '책'이라고 크게 쓰인 간판이 있고, 초록색으로 '비디오'라고 쓰여 있던 나의 신세계. 오래된 건물 1층에 있던 책 대여점은 자주 학생들로 붐볐다. 시트지가 발린 큰 유리창 틈새로 비치던 햇살 아래, 종이 냄새와 주인아저씨가 마시던 커피믹스 향이 뒤섞였던 곳이다. 벽면을 따라 빼곡히 들어찬 슬라이딩 책장, 책장마다 가득했던 만화책과 로맨스 소설, 무협지와 시절마다 유행하던 책들. 한구석에 놓인 주인아저씨의 작고 투박한 나무 책상과 그 위에 놓인 두꺼운 대여 장부와 동전 그릇. 별다를 것 없던 풍경이 기억 속에 뭉게뭉게 피어오른다. 대여 장부엔 ㄱ부터 ㅎ까지 쓰인 견출지가 붙어 있었는데, 그 안에 수십 명, 아니 수백 명의 이름이 들어 있었다. 내 성이 흔한 성은 아니기에 주인아저씨는 단번에 내 이름을 외웠다. 그리고 놀랍게도 책을 빌릴 때마다 단박에 내 이름을 찾았다.

    책을 빌리러 갈 때면 집 구석구석 떨어진 동전이 없는

지 살폈다. 운이 좋으면 소파 틈이나 식탁 옆에 떨어진 동전 몇 개를 손에 넣을 수 있었다. 그런 날도 '오늘은 몇 권을 빌릴 수 있을까?' 하며 매번 주머니 속 돈을 세느라 바빴다. 애초에 돈이 없어서 책 대여점을 들락거렸지만, 보고 싶은 책이 많아 여전히 돈이 부족했다.

"손님 없을 땐 여기서 읽어도 돼."

주인아저씨는 내 주머니 속 초조함을 보았는지 무뚝뚝한 다정을 건넸다. 아저씨가 파란색 플라스틱 의자를 무심히 빼 줄 때면, '앗싸' 신나는 마음을 숨기곤 못 이기는 척 만화책 한두 권을 보고 왔다. 지금 생각해 보니 아저씬 내 덜그럭거리는 마음과 가벼운 주머니를 진즉 알고 있었던 모양이다.

중학생이 되어선 더 성실히 책 대여점을 들락날락했다. 『아르미안의 네 딸들』, 『풀하우스』, 『바람의 나라』, 『호텔 아프리카』, 『언플러그드 보이』 등 한국 만화에 눈을 떴다. 아저씨는 자주 "이건 서비스야"라며 추가로 한 권을 더 빌려주셨고, 시험 기간이 끝나면 "공부 열심히 했으니, 이번엔 실컷 읽어라"라며 두어 권을 더 얹어주셨다. 한쪽에서 함께 대여해주던 비디오테이프를 끼워주기도 했다. 아마 나에게만 베푼 다정은 아니었을 테다. 아저씨만의 고객 관리 차원의 운영 비법이었을 테지. 길 건너 아파트 단지에 다른 책 대여점이 있었고, 큰길가엔 여전히 만화방이 영업 중이었으니까. 그래도 난 아저씨의 너무 친밀하지 않던 다정함이 좋았다. 무언갈 매일 읽거나 쓰고 있던, 지금의 나보다 어렸던 아저씨.

그 당시 아저씨는 일본 음악에 심취했고, 나는 친구들과 함께 1세대 아이돌에 열광하기 시작했다. 친구들과 우리의 '최애'를 주인공으로 만화를 그리고 팬픽을 썼다. 스프링 노트에 배경, 소품, 인물, 대사 담당으로 철저히 분업해 창작했다. 그렇게 만들어진 책은 점심시간마다 독자를 만났다. 우린 2교시나 3교시가 끝나면 도시락을 먹고 점심시간에 책방을 열었다. 교실의 작은 책상이 '우리의 책방'이었다. 우리가 만든 만화책은 물론 책 대여점에서 빌린 책을 더 싼값에 하루이틀 빌려주기도 했다. 책 대여점 아저씨도 어디서 소문을 들었는지 "아이고, 작가님. 저도 책 좀 빌려주세요"라며 우리가 만든 만화책을 보여달라고도 했다. "내가 보면 알지. 잘 팔릴지 안 팔릴지"라며 판단해 준다고 했고, "잘 팔릴 것 같으면 내가 팔아줄게"라고도 했다. 그때 우린 잠깐이나마 두 손 모아 "정말요?"라고 되물으며 10대에 성공한 작가를 상상했다. 아저씬 정말 우리가 만든 책을 복사해 팔거나 대여해 볼까 고민했었다. 지금 동네 장사엔 이만한 만화책도 없다고 하면서. 장난삼아 "진짜 해 볼까?" 하며 머리를 맞댔지만, 우리의 고등학교 진학으로 한여름밤의 농담처럼 끝났다.

주인아저씨는 평소 책을 권하는 일이 없었다. 학생이든 성인이든 재주껏 빌려 가도록 했다. 그런 아저씨가 책 한 권을 권한 적이 있었다. 듬성듬성 책이 빠진 책장 사이를 거닐고 있던 시험 기간이었다.

"이 소설 요즘 유행이다. 먼저 읽어볼래? 시험과는 관련 없지만."

아저씨가 읽어보라고 권했던 책이 은희경의 『새의 선물』이었는지 무라카미 하루키의 『상실의 시대』였는지 기억나지 않는다. 하지만 아저씨가 추천한 책을 읽고 소설을 읽기 시작했고, 책 대여점에 갈 때마다 아저씨가 읽는 책을 눈여겨보고 따라 읽었다는 것만은 또렷하게 기억하고 있다.

그 뒤로도 종종 책을 추천해 주던 아저씨는, 지금 생각하면, 독립서점의 운영자처럼 책 큐레이터이기도 했다. 당시 전국을 들썩이게 했던 몇몇 소설은 예약을 받아 판매했고, 단골에게는 사고 싶은 책을 물어 함께 들였다.

"뭐 사고 싶은 책 있어? 이번에 신간 살 때 같이 사 오게."

"정말요? 아, 너무 많은데. 시리즈 말고 단행본 주문해도 돼요?"

"그래. 여기 책 제목 적어놔."

아저씬 정가보다 한참 싼 가격으로 책을 주셨다. 아마 도매가였을 테다.

"저 다음엔 『슬램덩크』 시리즈 전부 살래요! 싸게 주세요."

"아이고, 책 욕심은."

결국, 『슬램덩크』는 사지 못했다. 대학 진학을 앞두고 PC 통신에 빠져 발걸음이 뜸해진 사이에 책 대여점은 문을 닫았다. 단골들에게 책과 비디오테이프를 헐값에 넘기고 사라진 아저씨는 소설가가 되었다느니, 영화감독이 되었다느니 하는 소문이 돌았다.

작은 책 대여점은 단순히 책을 빌리는 곳이 아니었다. 헤밍웨이가 좋은 책은 최고의 친구라고 말한 것처럼, 나의 유년 시절 새로운 친구를 끝없이 만들어 준 작은 우주였다. 동네의 오래된 상가 1층에서 시작된 그 우주는 시공간을 달리하며 계속 팽창했다. 독서가 독서를 부르는 것처럼, 책방은 또 다른 책방으로 나를 데려갔다. 수십 번의 이사마다 수십 번 발견해 냈던 동네 책방, 오래전 책을 찾아 떠나는 헌책방, 도시의 뒷골목에서 처음 만났던 독립서점으로 이어졌다. 그 책방들을 지나오면서 삶에 일어나지 않을 일이란 없다는 걸, 동시에 어쩌면 삶은 내가 원하는 대로 흘러간다는 걸 알게 했다. 그렇게 책장과 책방 사이에서 생겨난 삶을 만나 지금의 삶이 되었다. 그리고 수많은 서성거림과 우연 끝에 나의 책방을 열었다. 내가 책방 운영자가 되다니. 내가 읽고 쓰는 삶을 살게 되었다니. 여기서 나의 책방을 기억하거나 잊게 될 사람들을 만나고 있다니.

내가 지금 이 자리에 있는 건, 분명 그 시절 만난 책 대여점 덕분이다. 이토록 열렬히 책방을 사랑하게 된 건, 모든 시절 만난 모든 책 덕분일 테고.

이 글은 비록 대체로 기억나지 않고 대부분 사라졌지만 오래도록 그리운 모든 책과 책방에 대한 찬가다. 그들에게 다하지 못한 사랑을 이렇게나마 전해 본다.

존재만으로도
소중한 책방

책방 토닥토닥
문주현

내가 살던 무주는 신호등 하나 없는 작은 산촌 마을이었다. 야간 자율학습을 마치고 집으로 돌아오는 길에는 반딧불이의 초록빛이 유혹했으니 신호등이 필요 없는 마을이기도 했다. 지금은 숲속에서 영화를 즐길 수 있는 낭만으로 사랑받는 '무주산골영화제'가 열려 전국에서 찾아오고, 귀촌을 꿈꾸는 이들이 자연을 찾아 들어오는 곳이지만, 당시의 무주는 IMF 외환위기의 풍파조차 더디게 찾아온, 많은 것이 느린 동네였다.

서울에서 태어나 살다가 집안일로 열한 살부터 무주 살이를 시작한 내게 무주의 느린 시간과 자연은 낯설기만 했다. 하지만 시간이 흐르며 놀이터이자 쉼터인 자연의 가치가 잘 보존되어 있는 무주가 그 자체로 좋아졌다. 그러나 사춘기의 열병만큼은 피할 수 없었다. 사춘기를 통과하며 무주가, 무주의 자연이 낡은 회전목마와 놀이기구로 가득한 한물간 놀이공원처럼 느껴졌다. 'X세대'라는 1990년대 젊음의 상징이 선망의 대상이 되었지만, 무주 소년에게는 그저 TV 속 신인류였다. 그 멋을 직접 경험할 수는 없었고, 아쉬움을 품은 채 TV와 잡지에서 보는 걸로 만족해야 했다. 그런 나를 달래고 위로했던 건 서점이었다. 자연으로는 풀 수 없었던 문화적 갈증을 다소나마 서점에서 풀 수 있었다.

신호등 하나 없는 마을에 있었던 유일한 서점. 무주서점은 내게 책을 살 수 있는 공간 이상의 의미였다. 자연만 알던 내게 팝송과 영화를 알려준, 그러나 도시로 전학가버린 친구의 빈자리를 채워준 공간이기도 했다.

무주서점의 매대 위에는 베스트셀러와 전과류, 문제집들이 가지런히 놓였고, 서점 한쪽 벽에는 서점 아저씨의 취향을 느낄 수 있는 명인들의 바둑책과 역사책 등 인문학 책들이 먼지를 뒤집어쓴 채 꽂혀 있었다. 바깥에서 보이는 매대에 매달 바뀌는 잡지들이 늘어서 있는 것까지 무주서점은 지극히 평범한 서점에 불과했다. 서점 안에 낮게 깔린 포크송마저도 지금 생각해 보니 누구나 알 법한, 익숙한 레퍼토리였다. 하지만 나는 무주점의 문을 밀고 들어갈 때마다, 그 순간만큼은 세상과 완전히 분리된 작은 극장 안으로 들어가는 기분이었다.

무주서점에 끌린 건 쇼윈도에 진열된 잡지들 때문이었다. 원래 책을 보러 도서관에 자주 갔었는데, 아쉽게도 도서관에는 내 관심사를 다룬 잡지가 없었다. 그래서 매달 바뀌는 그 잡지들을 보기 위해 하굣길에 꼭 무주서점에 들렀다. 1990년대는 잡지 전성시대였다. 영화 잡지 《로드쇼》, 《스크린》, 《키노》, 농구 잡지 《점프슛》, 《루키》, 과학 잡지 《뉴턴》, 패션 잡지 《키키》와 《쎄씨》 등 도시로 갈 수 없는 소년에게 무주서점의 잡지는 문화적 갈증을 해소할 수 있는 청량음료 같았다. 지금이야 릴스와 쇼츠로 NBA 선수들의 화려한 쇼다운을 쉽게 접할 수 있지만, 인터넷이 없던 그 시절엔 정보를 얻으려면 서점에 가서 잡지를 봐야 했다.

특히 친구의 영향으로 영화에 푹 빠졌던 내게 영화 잡지 《키노》는 그 자체로 멀티플렉스 영화관이었다. 다소 진중한 문체와 '작가주의'를 표방한 《키노》는 빼곡하게 적힌 글씨와 한 면을 전부 활용한 영화 주요 장면들로 나를 황홀하게 했다. 마치 〈시네마 천국〉 속 소년 토토가 된 기분이었다. 소년 토토가 키스가 뭔지 몰라도 영사기 필름으로 보는 것이 마냥 신났던 것처럼 《키노》를 한 장 한 장 넘기고 읽는 것이 새로운 경험이었다. 《키노》를 보는 시간은 영화 한 편을 보는 시간이나 다름없었다. 〈접속〉의 두 주인공이 스치는 장면을 상상하고, 〈4월 이야기〉의 주인공이 대학 교정을 자전거로 다니는 모습을 상상하며 대학생이 된 내 모습을 떠올렸다. 모든 영화를 영상보다 책으로 먼저 만났기에 상상할 수 있었고, 그 공상 속에서 또 한 편의 영화가 탄생했다.

"아저씨! 이번 달 《키노》랑 《루키》 왔어요?"

매달 초, 무주서점을 찾을 때마다 인사처럼 묻고 또 물었다. 그럴 때마다 아저씨는 "무주에서 《키노》 사는 건 너뿐이다"라고 하셨다. 무주에서 《키노》를 보는 사람이 나 혼자라니……. 무주서점에 들렀다 집으로 돌아가는 길에는 마치 영화 전문가라도 된 것처럼 우쭐한 기분에 젖곤 했다. 한 달 용돈 만 원의 7할을 《키노》를 사는 데 썼지만, 하나도 아깝지 않았다. 용돈이 부족한 달에는 몰래 읽다 가기만 했다. 그럴 때는 아저씨가 작은 목욕탕 의자를 내주며 "그냥 편하게 보렴. 여긴 책 있는 사람들이 있으면 좋으니"라고 하셨다. 그러면 멋쩍은 표정을 지으며 《키노》에 이어 《스크린》, 《로드쇼》까지 보고 나왔다.

무주엔 극장이 없어 〈쉬리〉, 〈접속〉 같은 명작을 개봉

시기에 맞춰 스크린으로 보는 건 꿈도 꾸지 못했다. 비디오가 출시될 때까지 몇 달의 기다림 끝에 비디오 대여점 오픈런을 해서 봐야 했다. 그렇기에 얼마나 간절히 그 잡지들을 기다리고 봤는지, 무주서점에 가는 길은 설레기까지 했다. 무주서점은 책과 잡지를 판매하는 곳을 넘어 내가 영화를 만나게 해주는 창구였다. 그렇게 무주서점은 무주에서 가장 사랑하는 공간이 되었다.

매일 서점을 찾는 것도 모자라, 월초엔 잡지가 왔는지 질문을 해대는 나에게 핀잔인지 칭찬인지 모를 대답을 건네주시던 아저씨는 늘 책을 정리하느라 분주한 모습이었다. 그 시절의 서점은 지금의 동네 서점과는 달리 책이 정말 많았다. 거의 모든 책이 다 있었다. 어떤 면에선 책만 팔아도 충분했던, 책이 중심인 시절이었다. 시대가 달라졌기 때문이기도 하지만, 지금은 서점지기가 해야 하는 일이 많다. 멀티플레이어가 되어야 한다. 그러다 보니 서점 공간을 가꾸는 일이 뒷전일 때가 많아졌다. 서점 밖으로 책이 나가야 하는데, 오히려 서점 안으로 사람을 불러들여야 한달까.

일말의 아쉬움이 있지만, 내가 무주서점에서 영화 잡지를 보며 내가 가 닿을 수 없는 세계를 문자로 경험하고, 영화가 선사하는 새로운 세계를 모험하는 기분을 느끼며 무주라는 한정된 공간의 답답함을 해소할 수 있었던 걸 생각해 보면 나쁘지 않은 일 같기도 하다. 서점은 나라는 세계를 확장하는 공간이라는 점에선 변한 게 없으니까.

돌이켜 보면, 무주서점과 나 사이에 어떤 대단한 추억과 이야기가 있는 것 같진 않다. 그러나 무주서점은 존재만으로도 한 소년에게 작은 자유와 감동, 위로가 되었다. 그리고 세상을 이해하고 간접적이나마 경험할 수 있었던 공간이었다. 무주서점에서 읽었던 잡지들과 책은 진로를 정할 때 길잡이가 되어 주었다. 이과생이었던 내가 문예창작과를 선택한 것도, 시나리오를 쓰고 싶다는 꿈을 꾸게 된 것도 그 작은 서점에서 보낸 시간의 영향이 컸다. 서점 아저씨의 작은 배려와 서점이 품고 있던 따뜻한 공기는 내가 어떤 삶을 살지 선택하게 하는 데 중요한 힘이었던 것이다.

서점 아저씨가 내준 작은 목욕탕 의자 하나가 마음을 편안하게 했고, 매일 서점으로 달려가게 했다. 쉼터 같았던 그 의자와 공간의 기억이 어쩌면 나를 지금의 책방지기로 안내한 것은 아닌지 종종 생각한다.

시간이 흘러 무주서점의 작은 의자에 앉아 잡지를 읽던 소년은 이제 누군가의 마음을 토닥이는 서점을 꾸려가고 있다. 책방 토닥토닥을 열고 어느 날, 한 청년이 조용히 책을 읽다가 시집 한 권을 골라 계산한 뒤에 이렇게 말했다.

"사장님! 정말 고마워요. 이 자리에 계셔주셔서. 여기 오는 시간이 저한테는 정말 큰 행복입니다."

그날은 비가 많이 내렸고, 판매한 책도 그 시집 한 권뿐이었다. 청년이 고른 시집은 박준 시인의 《우리가 함께 장마를 볼 수도 있겠습니다》였다. 그 한 권으로도 그날은 참 행복했다. 책방에서 책을 고르며 읽는 그 시간이 누군가에게 행복이고 위로가 될 수 있다니……. 가만 생각해 보면 나도 그런 경험을 무주서점에서 했다. 그때 무주서점에서 난 참 행복했구나, 라는 생각을 20년도 더 지나 책방지기가 되어 하고 있다.

    2017년 봄, 짝꿍과 함께 책방을 열었을 때, 세 평 남짓한 공간에 다양한 가치의 책을 채워 넣은 까닭에 작은 책방치고는 구석구석 책이 많다는 이야기를 자주 들었다. 그럴 때마다 담고 싶은 생각과 가치가 많아 '우주를 담은/닮은 책방'이라고 소개하곤 했다. 우리가 처음 담았던 것은 사회운동을 하는 활동가들에게 위로를 건네고, 전주에서 살아가는 사람들의 이야기에 공감할 수 있는 공간을 만들어 보자는 다짐이었다. '토닥토닥'이란 이름을 붙인 것도 그런 이유였다.

    그동안 시대는 변했고, 서점과 책은 동시에 위기를 맞이했다. 그러나 책방지기의 마음이 변하지 않는다면, 사람들은 계속해서 책방에서 새로운 꿈을 꾸고 이야기를 나눌 것이다. 어린 시절 내가 무주서점에서 그랬듯이, 누군가 우리 책방에서 책으로 위로받고 행복했으면 좋겠다. 누군가에게 위로가 되었으면 하는 책을 서가에 꽂으며, 또 다른 누군가가 이 작은 공간에서 위로를 경험하고 새로운 세상을 만나기를 바란다. 그들에게 오래도록 따뜻한 낭만과 꿈의 공간으로 기억되기를 바라는 마음으로 오늘도 책방 토닥토닥의 문을 열어둔다.

상상을
먹고 자란 아이는
어른이 되어

책방, 궤
추혜원

나의 작은 책방 입구에는 책방을 꾸리기 시작할 때 가장 고심해서 고른 마호가니 빈티지 책장이 있다. 왠지 중세 느낌이 물씬 나는 양장본 형태의 고전이 꽂혀 있어야 할 것 같지만, 그 책장에 자리한 책들은 고전이 아니라 만화책이다. 『3월의 라이온』, 『판도라 하츠』, 『나츠메 우인장』, 『XXX 홀릭』, 『월간순정 노자키 군』, 『고래별』, 『여학교의 별』 그리고 고전의 고전인 『오르페우스의 창』 등 모두 고심 끝에 모은 것이다. 만화방도 아닌, 동네 책방에서 왜 만화책을 입구에 보란 듯이 진열해 놓았느냐 하면 좋아하니까, 좋아서 그렇게 한 것이다. 소장본이라 판매도 대여도 하지 않는다. 자랑스럽게 진열한 만큼, 책방에 들어오는 손님들이 "어, 나 이 만화책 좋아했는데!"라고 감탄하는 순간이 즐겁다.

쏟아지는 신간 속에서 재미있는 만화책은 없나 기웃거리고, 마음에 드는 만화책은 전권을 시원하게 질러 책방에 진열하고 혼자 흐뭇하게 웃는 사람, 15년간의 직장 생활을 정리하고 고향인 충주에 내려와 책방을 하는 나의 세계에는 '만화'가 있었다. 그리고 그 만화를 실컷 볼 수 있었던 공간도.

그 시절 지방 소도시의 천진난만한 중학생에겐 마땅한 놀거리가 없었다. 누구나 핸드폰이 있던 것도 아니고, 그나마 전화와 짧은 문자 외에는 별다른 기능이 없었다. 학교가 끝나고 하는 일이라고는 시내라고 불리는 작은 번화가에서 떡볶이를 사 먹거나, 친구들과 몰려다니며 아트박스를 구경하는 게 전부였다. 한창 초고속 인터넷이 보급되면서 대형 PC방이 생겨 스타크래프트 같은 게임을 하는 친구들도 있었지만, 게임에는 그다지 흥미가 없던 나에겐 PC방을 대신할 다른 놀이터가 있었다. 주위에 학교도 없고, 연립주택이 죽 늘어선 동네에서도 조금 걸어 들어가야 하는 애매한 위치의 상가 1층에 있던 만화책방. 지금의 나를 만든, 적어도 내 인생 4할의 지분을 차지한 곳이다.

어릴 때부터 책을 좋아했다. 하지만 사춘기를 건너는 중학생 땐 엄마가 동네 아주머니들과 함께 방판으로 구입한, 그 시절 거의 모든 집에 있었다는 세계문학전집 대신 만화책에 푹 빠져 있었다. 덕분에 하굣길에 하루도 빠짐없이 만화책방에 들러 적당한 곳에 아무렇게 앉아 만화책을 보곤 했다.

책방 입구에는 『바람의 검심』, 『드래곤 볼』, 『슬램덩크』 등 인기 있는 만화의 박력 있는 포스터가 입구를 뒤덮을 정도로 빼곡히 붙어서 유리창 너머 안쪽이 보이지도 않을 정도였다. 입구에는 늘 '오늘의 신간'과 '인기 순위'라고 적힌 하얀 종이가 붙어 있었다. 매직으로 전지에 하나하나

써서 붙여 둔 정성을 생각하면, 인스타그램에 새로 들어온 책을 소개하는 것도 귀찮아 가끔 건너뛰는 나와 달리, 사장님은 꽤 성실한 사람이었던 것 같다.

책방은 10평도 채 되지 않았는데, 바닥부터 천장까지 만화책이 잔뜩 꽂힌 책장만 있을 뿐 어디 편하게 앉을 데도 없었다. 만화책을 꺼내 읽다가도 다른 사람이 들어오면 책장에 몸을 바싹 붙여 비켜줘야 하는 좁은 곳이었다. 널따란 카운터 말고는 이렇다 할 인테리어도 없었던 책방 안은 만화책 특유의 약간 습한 종이 냄새가 진동했다.

책방은 그 동네에서 만화를 좋아하는 아이들의 아지트 같은 곳이었다. 같은 학교 교복을 입고 있어도 서로 신경 쓰지 않고 만화책만 보던, 한 사람과 그 사람이 보는 만화세계만 있던 곳이었다. 나도 만화가가 꿈인 친구와 함께 거의 매일 갔다. 학교에 가지 않는 주말에도 일부러 약속을 만들어 가곤 했다.

충주는 좁은 곳이라, 책방에 오는 아이들은 대부분 매일 보다시피 하는 낯익은 얼굴이었지만 누구 하나 어제 보앉던 그저께 보았던 알은척을 하지 않았다. 사장님도 마찬가지였다. 내 기억 속 사장님은 매번 불퉁한 얼굴로 누가 오든지 가든지 그다지 신경 쓰지 않았고, 책 표지가 상하지 않도록 아스테이지로 빠르게 포장하는 모습만 보였다. 그래도 신간 들어왔냐고 물어보면 그 불퉁한 얼굴로 들어왔고 재미있다는 말을 꼭 덧붙이곤 했다. 가끔 오래된 단골들과는 만화에 관해 수다를 떠는 모습을 보이기도 했는데, 나도 아주 어색하게 짧게나마 만화 이야기를 나눈 기억이 있다. 보고 있던 만화책의 다음 권이 언제 나올지를 물어보기도 하고, 그러다 자연스럽게 다른 만화책을 추천받기도 하는 정도였지만.

즐거운 놀이터를 찾은 나와 친구는 그동안 읽고 싶었던 만화책을 쌓아놓고 어두워지기 직전까지 보다가 돌아가곤 했다. 집으로 가는 길에 만화 이야기를 나누는 것이 그 어떤 시간보다 즐거웠다. 만화 속에는 상상도 못한 새로운 세상이 많았다. 중학생 소녀가 상상으로만 그리는 조금은 두근거리는 순정만화 속 세계가 있었고, 마법소녀가 나오는 환상적이면서도 발랄한 세계도 있었다. 그런 말랑말랑한 이야기를 읽다가 또 칼 한 자루로 소중한 사람들을 지키며 적을 처단하는 스펙타클한 세계에 빠져들기도 했다.

왜 그렇게 만화를 좋아했는지 돌이켜 보면, 한창 사춘기였던 그 시절이 무척 재미없고 무료했기 때문인 것 같다. 지금도 그렇지만, 그땐 만화를 보며 상상하는 게 좋았다. 그 책방에서 만화책을 보다 문득 고개를 들었을 때, 다들 아무 말 없이 만화책 속 세상에 푹 빠져 있는 게 참 재미있어 보였다.

만화책방을 아지트 삼아 다니던 시절에 읽은 만화책이 지금의 나를 만들었다고 해도 과언이 아닐 정도로 만화책을 봤다. 만화책을 덜 보던 때가 있었을지언정 보지 않은 때는 없었다. 그런 시절의 한가운데에 그 책방이 있었던 것이다. 우리 책방에 유독 이야기의 힘이 좋은 소설이 많은 이유도 이때부터 차근히 기른 만화적·판타지적 상상력 때문이리라. 취향이 생기기 시작한 사춘기에 방대한 상상력을 펼칠 수 있는 만화책을 그렇게 많이 봤으니, 아마 지금 우리 책방의 서가에 고스란히 녹아들었을 것이다.

다른 동네로 이사하고 고등학교에 진학한 사이, 방학이 지나고 나면 없어졌던 그 상가의 다른 가게들처럼 만화책방도 사라지고 없었다. 좋은 기억으로 가득한 책방이었는데, 아쉽게도 이름조차 기억나지 않는다. 친구와도 "○○ 만화책방 갈 거지?"라고 하기보다는 주어도 없이 "갈 거지?"라고 한 게 전부였던 것 같다. 입구가 여러 만화 포스터로 조잡해 간판이 눈에 잘 들어오지 않기도 했고.

그땐 동네에 좋아하는 만화책을 실컷 보는 곳이 있으니 그저 좋다는 마음뿐이었는데, 막상 내가 책방 주인이 되고 보니 사장님은 어떻게 생활하셨을까 하는 생각이 들었다. 혹시 다른 일을 병행하고 계셨던 건 아닐까? 도서대여점처럼 대여하는 게 아니라 돈을 내고 보고 싶은 만큼 보다 가는 시스템이었고, 요즘 만화방처럼 먹을 것이나 음료수를 판매하지도 않았으니까. 그땐 어려서 미처 몰랐지만, 작은 책방을 운영하는 입장이 되어 보니 어쩌면 정말 운영이 어려워서 오래 버티지 못했을 수도 있겠단 생각이 든다. 그래서 지금은 사장님이 겪었을 어려움을 헤아리는 게 그리 어렵지 않다. 시공간을 뛰어넘은 동병상련이랄까.

아주 우연한 기회에 무언가 다시 시작하기로 마음먹었을 때 제일 먼저 떠오른 게 서점이었다. 서점을 준비하면서 좋아하는 것들로 꽉꽉 채우겠다고 생각했다. 좋아하는 일을 마음껏 할 수 있는 어른이 되었으니까. 어쩌면 만화책방 사장님도 나와 같은 생각으로 책방을 한 게 아닌가 싶다. 열다섯 내 눈에 그 책방은 이제 하고 싶은 걸 마음껏 할 수 있는 어른이 보고 싶은 만화책을 마음껏 가져다 놓고 인심 좋게 베푸는 곳으로 보였으니까. 정말로 그런지는 알 수 없지만.

놀이터 같았던 책방은 사라졌지만, 충주에는 지금도 건재한, 오래된 서점이 많다. 문학사, 책이 있는 글터 등 어릴 적에 다니던 서점들이 지금도 그 자리를 지키고 있다. 그리고 이 오래된 느티나무 같은 서점들 사이로, 새싹처럼 돋아 쑥쑥 자라고 있는 독립서점도 여러 곳 있다.

충주 이름을 내건 북페어를 함께 여는 등 가깝게 지내는 서점지기와 우리도 지역의 선배 서점들처럼 오래 책방을 하자는 이야기를 자주 나눈다. 나도 정말 오래 하고 싶다. 이제 겨우 단골이 생겼고, "가까운 곳에 이런 책방이 생겨서 너무 좋다"고 하는 손님도 있다. 그런 손님들을 마주하며 즐거워하고, 수줍게 다가와 책을 추천해 달라는 손님에게 어떤 책을 좋아하시냐고 물으며 카운터 밖으로 튀어나갔다가 돌아오는, 그리고 지나고 나서 너무 주책맞게 굴었나 하는 후회와 즐거움이 교차하는 그 순간들이 좋다.

책을 좋아하는 사람들과 좋은 책, 각자의 취향이 담긴 책 이야기를 나누며 수다를 떠는 것도 좋다. 덕분에 충주를 떠나 있는 동안 낯설게만 느껴졌던 고향에, 새로운 책 친구들이 잔뜩 생겼다. 이번에는 어떤 책을 들여올까, 신간과 방대한 책 소개를 살피는 것조차 즐겁다. 책방에서 좋아하는 책을 읽고, 오가며 이 책 좋다고 수줍게 말할 수 있는 그 다정함이 좋다.

내가 좋아하는 책들을 자랑스럽게 진열해 두면서, '책방, 궤'가 충주의 오래된 서점에 '책방, 궤'가 이름을 올릴 수 있다면 얼마나 좋을까 상상한다. 그래서 충주의 오래된 서점들처럼 오래도록 사라지지 않고, 세월을 건너 다시 누군가의 놀이터가 될지도 모를, 나의 어린 시절 놀이터였던 그 만화책방처럼 즐거움과 기대가 가득한 공간이 되었으면 좋겠다고.

두 뺨이 맞닿은
책방

밤수지맨드라미 북스토어
이밤수지

'저 짐들을 전부 버리고 갈까? 그냥 다 가져갈까? 어떻게 하지?'

 평소 물건을 쉽게 버리지 못하는 편이라 물건 정리에 대한 고민을 크게 한 적이 없지만, 결혼과 함께 나고 자란 서울을 떠나 우도라는 섬에서 시골살이를 하기로 마음먹었을 때는 달랐다. 게다가 아기자기 예쁜 신혼집이 아닌, 비가 새는 지붕과 곰팡이 가득한 바닥 등 곳곳이 수리를 해야 하는, 작고 낡은 집이 우리를 기다리고 있었다.

 신혼살림으로 가구와 그릇을 고르는 대신 나무 판재

와 전동드릴을 선택했으니 그야말로 공사판에 어울리는 복장과 도구 등 최소한의 짐을 꾸릴 수밖에 없었다. 냉정하고 객관적으로 판단해야 한다는 건 알고 있었다. 하지만 왠지 우도의 작은 집이 완성되는 그날, 남편과 오손도손 짐 정리를 하며 추억을 이야기할 수 있지 않을까 하는 막연한 기대감에 결국 가져가서 정리하기로 결정했다. 그렇게 나의 추억들은 우체국의 가장 큰 택배 박스 7~8개에 차곡차곡 봉인되어 봄바람이 넘실거리는 5월 제주 우도에 닿았다. 그리고 얼른 집수리를 끝내고 추억을 소환해야지 했던 바람은 우도의 거센 바람결에 멀리 날아가 버렸다.

우리 손으로 직접 고쳐서 살자며 호기롭게 시작해 길어야 3개월이면 끝날 줄 알았던 집수리는 대반전이었다. 공사에 대해 아무것도 모르는 생초짜 부부에겐 턱도 없는 시간이었다. 지난하고도 생경한 경험들, 설렘과 기쁨의 시간이 포개져 흘렀다. 계절은 봄에서 여름을 지나 어느새 새로운 해를 향하고 있었고, 집수리가 끝나갈 무렵 새 물건들이 작은집 곳곳에 채워졌다. 도시에서 온 상자 속 물건들은 시골집 생활에는 필요한 게 없다 보니 정리는 조금씩 밀려나기 일쑤였다. 그리고 집이 어느 정도 완성이 되어 한숨 돌릴까 하던 시기에 서점을 준비하면서 기억에서 기약 없이 멀어졌다.

아름다운 에메랄드빛 바다와 고소한 땅콩이 유명한 우도는 해마다 100만 명 이상의 관광객이 찾는 제주도 동쪽에 자리한 섬이다. 수많은 멋진 카페와 맛있는 음식점들이 손님들을 맞으며, 섬의 매력을 전한다. 하지만 섬 생활자인 내가 가고 싶은 공간은 따로 있었다. 서점이었다. 바쁘게 움직이는 시간을 잠시 멈출 수 있는 곳. 복작거리는 마음을 잔잔하게 잡아주는 곳. 하지만 내 바람과 달리 우도에 서점은 없었고, 아무리 기다려도 생겨날 기미조차 보이지 않았다. 왜 하필 서점이었을까?

낯선 섬 생활에 적응하느라 스트레스가 쌓였고, 집을 수리하는 동안 체력이 많이 소모되었다. 때로는 남편과 의견 충돌이 있어 다투기도 했는데 그럴 때마다 집 앞 바다를 바라보며 마음을 가라앉혔다. 그러나 도시에서 나고 자란 나에게 자연을 통한 치유는 어느 정도 한계가 있음을 느꼈다. 그때 나만의 도시 습성이 문득문득 떠올랐고 그리워졌다. 내가 손에 꼽는 도시 속 치유 방법에는 서점에 가서 책을 보는 것이 있었다. 그러나 배를 타고 바다를 건너 한 시간 넘게 차를 몰아 서점에 갈 수는 없었기에 차선책으로 온라인을 선택했다. 그때 책은 도서 지역의 별도 추가 배송비 없이 무료로 배송받을 수 있는 유일한 육지 물건이었다. 이때다 싶어 좋아하는 작가의 신간부터 시골에서의 자급자족을 다룬 서적 등 제목과 표지 이미지와 감으로 장바구니를 신나게 꽉꽉 채웠다. 하지만 이 치유법 역시 그리 오래가지 못했다. 도착한 책들 중 절반 이상은 예상보다 실망스러워 한두 번 펼치고는 이내 다시 볼 일이 없었다. 곰곰 생각해 보니, 내가 정말 원하는 건 책 냄새를 맡으며 내 손으로 직접 고를 수 있는 곳. 서점이라는 공간 그 자체였다. 그래서였을까. 어쩌다 보니 내가 우도 최초의 서점 주인이 되었다.

서점을 준비하면서 남편과 서로 좋아하는 서점 이야기를 많이 했다. 함께 정말 자주 갔던 광화문 교보문고, 보물을 발견할 것 같았던 청계천과 부산 보수동 헌책방 골목 등이 떠올랐다. 그중 내가 가장 오래 이야기했던 곳은 어릴 적 살던 동네에 있었던 서점이었다. 스스로 책을 고르는 기쁨을 누린 내 인생 최초의 서점.

집 앞 슈퍼처럼 자주 드나들었던 평범한 서점이라 그 시절에는 미처 몰랐지만, 생각만 해도 마음이 편안해지는 공간이라는 걸 수십 년이 지나서야 알아차렸다. 서점의 모토가 자연스레 정해졌다. '잃어버린 마음을 찾을 수 있는 곳.' 이를 배경 삼아 우리만의 서점을 준비했다. 그리고 서점 개점이 가까워질수록 기억 속 서점보다는 현재를 우선시하며, 봉인된 박스들처럼 옛 추억 속 서점은 금방 잊어버리고 말았다.

매일 집과 서점을 오가며 우도에서의 삶 10년 차, 서점지기 7년 차에 접어든 어느 날이었다. 낯선 곳에서 10년을 살고 있다는 사실이 새삼 애틋하게 느껴져 손때 묻은 작은 집을 다시 살피게 되었다. 남편과 두런두런 이야기를 나누며 집을 둘러보다가 시선이 멈춘 곳은 작은방 한편 구석이었다. 이미 다른 짐들로 어지럽게 가려져 보이지도 않지만, 그 뒤로 무엇이 있는지 너무 잘 알고 있었다. 이번에는 주저 없이 저 박스들을 정리하자고 단번에 마음을 먹고 바로 실행에 옮겼다.

박스를 하나씩 열 때마다 바다 위 해무처럼 희뿌옇게 흐려진 기억들이 다시금 선명해졌다. 초등학교 시절 친구들에게 받았던 편지와 크리스마스카드가 짠하고 모습을 드러내고, 맞춤법이 제각각인 일기장에 중고등학교 명찰과 학생증, 서태지와아이들 스티커 등등 다양한 추억이 폭죽처럼 팡팡 터졌다. 그러다 유독 무거운 박스 하나를 열고는 와아 하는 탄성을 질렀다. 몇 권의 책이 가지런히 들어 있었는데, 그중 누렇게 변한 문고본들이 눈에 들어왔다. 『감자』, 『B사감과 러브레터』, 『동백꽃』, 『데미안』 등 학창 시절에 읽었던 책들이었다. 한 권을 집어 들어 후루룩 넘기다가 책장 사이에 잠들어 있던 코팅 책갈피를 발견했다. 앞면에는 분홍 꽃 사진과 아이작 뉴턴의 강력한 명언이 있고, 뒷면을 넘기니 비로소 어릴 적 단골 서점의 이름이 나타났다. 방학우체국 맞은편 '홍익서점'.

서울 강북 끝자락에 있는 도봉구 방학동은 유년 시절부터 중학교를 졸업할 때까지 살던 동네였다. 서울에 대규모 아파트 단지가 막 들어서는 1990년대 초반, 방학동은 여전히 붉은 벽돌 주택들이 옹기종기 모여 있는 평범한 동네였다.

집 앞의 작은 구멍가게를 시작으로 작은 골목길을 지나면 초등학교 시절 친구 아버지가 약사로 계시던 약국이 나온다. 그곳을 지나면 통닭집과 채소가게 등이 있는 아주 작은 규모의 시장이 있었고, 그 길을 따라가면 비로소 큰 도로가 나왔다. 그리고 도롯가의 버스 정류장 바로 앞에 나의 단골 서점 홍익서점이 있었다. 사실 나만의 단골은 아니고 언니들과 나, 우리 세 자매의 단골 서점이었다. 처음에는 엄마를 따라갔을 것이 분명하고, 조금 커서는 언니들과 함께 혹은 혼자 갔었던 기억이 난다.

어릴 때부터 워낙 내성적이고 수줍음이 많던 나는 엄마와 언니들이 없으면 말 한마디 제대로 하지 못했다. 집 앞 구멍가게에서 아이스크림을 하나 사고 돈 내는 것도 왠지 부끄럽고 어려워했다. 이런 막내딸이 걱정스러웠던 엄마는 급기야 웅변학원까지 데려갔다. 그랬던 내가 그나마 마음 편히 갔던 곳이 서점이었다.

어린 시절의 나에게 홍익서점은 세상에서 책이 가장 많은 공간이었다. 요즘 서점에서 쉽게 만나는 문구류나 굿즈 하나 없이 오직 책만 존재했다. 책으로 가득한 그곳에서, 유리문을 열고 들어서면 은은하게 풍겨오는 차분한 종이 냄새가 편안했고, 서가를 사이에 두고 사람들의 눈을 피해 책을 살펴보는 시간이 좋았다. 신기하게도 서점 주인아저씨와 말 한마디 제대로 나눠본 기억조차 없는데, 서점의 어느 위치에서 책을 보며 좋아했는지가 지금도 정확하게 생각난다.

홍익서점엔 하굣길 버스 정류장에 내려 자연스레 들렀다 가기도 했고, 언니들이랑 우르르 가기도 했다. 각자의 취향대로 책과 잡지를 고르곤 했는데, 고백하자면 책을 산 날보다 그냥 들렀다 오는 날이 더 많았다. 그럼에도 주인아저씨가 눈치를 준다거나 한마디 한 기억은 전혀 없다. 혹시 나만의 착각인가 싶어 언니들이 기억하는 주인아저씨는 다른지 물어보니, 언니들의 답도 같았다. 혹시 주인아저씨도 나처럼 무척 내성적인 성격이었을까? 알 수는 없지만 덕분에 서점은 존재 자체만으로도 마음의 평온을 찾을 수 있는 곳이 되었다.

고등학교에 들어가면서 이사를 가게 되었고, 거리가 멀어지면서 자연스레 홍익서점으로 향하는 발길이 끊어졌다. 무엇보다 영풍문고의 웅장한 규모에 반해 일부러 친구와 함께 지하철로 30분 거리의 종로까지 가곤 했다. 내가 영풍문고를 찾는 횟수가 늘어날수록 동네 책방의 손님들은 줄어들었을 테고, 내가 알지도 못한 어느 날 나의 단골 서점은 사라졌을 것이다.

2000년대 초반, 큰언니가 친구를 만나러 오랜만에 방학동에 다녀와서 낯설어진 동네 이야기를 들려주었다. 익숙했던 동네는 홈플러스가 들어와 차가 많아지고, 새로운 건물이 들어서고 있다고 했다. 그리고 이어지는 한마디.

"우리가 알던 안경점은 그대로 있던데 홍익서점은 없어졌더라."

학창 시절, 10년 넘게 늘 버스 정류장 앞을 지키던 풍경은 너무나 익숙하고 당연해 언제까지나 그 자리에 있으리라 여겼는데 막상 없어졌다는 걸 알고 난 뒤 얼마나 아쉬웠는지 모른다.

얼마 전, 지도앱으로 살던 동네를 찾아보니 홍익서점이 있던 자리에는 인기 많은 치킨집이 들어서 있었다. 버스 정류장 앞은 목이 좋은 장소라는 뜻인데, 당시 서점이 그곳에 있다는 건 오늘날 치킨집처럼 많은 사람이 찾는 장소였다는 걸 어른이 된 지금에서야 새삼 깨닫는다. 한때 수많은 발걸음을 맞이했던 책방이 고요해지면서 그 자리를 떠나야 했을 홍익서점 아저씨의 마음은 어땠을지 헤아려 본다. 혹시 다른 곳에서 책방을 하고 계실까? 말 한마디 못하고 우물쭈물 책만 보다 갔던 어린 손님이 섬에서 서점 주인이 된 걸 알면 뭐라고 하실까? 문득 궁금해진다.

서점에 오신 한 손님이 책을 사며 이렇게 물어보신 적이 있다.

"어떻게 우도에서 서점을 할 생각을 했어요?"

나의 대답은 한결같다.

"제가 서점을 되게 좋아하는데, 우도에 서점이 없어서요. 그래서 매일 가고 싶은 서점 문을 열게 되었어요."

책보다 서점을 좋아한다는 이야기를 들은 손님은 나가면서 이런 말을 건넸다.

"이 자리에 계속 있어 주세요. 꼭 다시 올게요."

뭉클한 순간이었다. 과거 당연하게 생각했던 서점이 현재는 누군가의 간절한 응원을 받는 공간이 되었다. 그리고, 정말 해마다 멀리서 오는 단골손님들이 있다. 비행기를 타고, 배를 타고 최소 4~5시간이 걸리는 작은 섬의 조그만

서점을 찾는다. 오랜만에 만나는 이웃처럼 서로의 안부를 주고받는 일은 내 삶의 큰 응원 같은 것이다.

책과 서점을 사랑하는 누군가를 위해, 무엇보다 나를 위해 내일도 서점 문을 열고 싶다. 마음이 복잡하고 어지러울 때 서점을 떠올리면 평온해졌듯이, 누군가에게 서점이 뭉근하고 따듯한 위로가 되기를 바라며.

별책부록

낮잠과 바람

@nap_wind

인천 부평의 천변에 위치한 작은 책방입니다. 우리의 삶과 세상을 어딘가로 향하게 할 책을 소개하고 있습니다. 종종 창밖을 바라보며 읽고 쓰고 그리는 손님들이 주로 책방에 찾아와 주십니다. 최근에는 고양이 손님도 부쩍 늘어서, 손님이 뜸한 날에도 쓸쓸하지 않아요. 모임과 클래스를 꾸준히 진행하며, 가끔은 떨리는 마음으로 공연이나 전시를 열기도 합니다.

추천하는 동네 서점

●
나비날다책방
@kesime1019

나비날다는 10년이 넘는 시간 동안 동네 사람들, 동네 고양이들과 어울렁더울렁 살아가는 책방입니다. '반달이'라는 이름의 고양이와, 반달이와 동네 고양이들을 정성스럽게 보살피는 책방지기가 있어요. 동네 일로 바쁜 책방지기가 종종 자리를 비우지만, 그럴 때도 고양이 반달이는 푹신한 의자에서, 책이 진열된 테이블 위에서, 몸을 동그랗게 말고 앉아서 우리를 맞이합니다. 목요일 아침에는 둘러앉아서 꿰매고 깁고 뜨개질하는 '횡선수선어수수선모임'이 열린다고 해요. 겨울이 오면 군고구마나 귤을 사 들고 가서 스웨터 구멍을 메꾸는 법을 배워야겠다고 생각하고 있습니다. 나비날다에 갈 때마다 너른 품속에 들어가는 것 같아요. 품 안에 잠시 머물다가 돌아오면 든든해지고 용기도 솟아나요!

가 보고 싶은 서점

●
틈싹
@teumssag

공주를 여행할 때였어요. 어느 가게에서 맥주를 마시고 있었는데, 한 손님이 들어오셔서 직접 만들었다는 당근 수프를 나누어 주셨습니다. 낯선 도시에서 선물 받은 한 그릇의 수프는 몸도 마음도 따듯하게 풀어주었어요. 손님은 책방 겸 식당이 될 공간을 준비하고 있다고 하셨습니다. 공간의 이름은 '틈싹'. 좁은 틈을 뚫고 솟아난 새싹을 떠올리셨다고 해요. 몇 달 후에 정말 틈싹이 문을 열었습니다. 함께 읽고 쓰거나, 계절 요리를 먹는 공간. 참여하고 싶은 프로그램과 먹어 보고 싶은 요리가 많아서 달력을 넘겨 보며 이제나저제나 틈싹에 갈 날을 기다리고 있습니다.

밤수지맨드라미 북스토어

@bamsuzymandramy

제주 동쪽 끝 작은 섬 우도. 그곳의 작은 책방, '밤수지맨드라미 북스토어'입니다. '밤수지맨드라미'는 제주 바닷속에 살고 있는 멸종 위기의 분홍색 연산호인데, 어쩐지 우리 삶에서 아련히 멀어져만 가는 책의 모습과 어딘지 모르게 닮아 있는 거예요. 그래서 우리는 가능할지는 모르겠지만, '더 기억하자. 더 곁에 두자.'라는 마음을 담아 섬마을에 책방을 열었습니다. 산호에 물고기가 모여 조화로운 삶을 살듯, 책을 좋아하는 사람들이 책방에 조금씩 모여드는 날을 상상해 봅니다.

추천하는 동네 서점

● 라바북스
@labas.book

동백꽃이 아름다운 서귀포 위미에 있는 라바북스는 제주 독립서점의 시작에 긍정적인 영향력을 준 멋진 서점입니다. 크리에이티브한 독립출판물을 비롯해 동네 이웃들과 협업하며 사진을 중심으로 매력적인 출판물을 선보이고 있어요. 그리고 꾸준히 제주 곳곳의 숨은 작가들을 발굴, 서점 한쪽에서 전시를 열어 소개하며 라바북스만의 문화력을 형성하고 있답니다. 동네 책방이 그렇듯 규모가 크지 않은데, 겉만 보면 '잠깐 둘러보고 나올까' 하다가도 눈길을 사로잡는 책들이 꼬리에 꼬리를 물고 있어 쉽게 나올 수 없는 신묘한 책방이니까 느긋한 마음으로 방문하시면 좋겠습니다.

가 보고 싶은 서점

● 아틀란티스 북스
Atlantis Books
@atlantisbooks

산토리니섬으로 여행을 온 영국의 젊은이 둘이 만든 '아틀란티스 북스'. 당시 그들이 머물렀던 산토리니섬에 서점이 없다는 것에서 출발, 생각이 비슷한 친구들과 의기투합해 2004년 이아 마을에 아틀란티스 북스를 열었다고 합니다. 아름다운 섬에서 문화와 예술을 종이매체로 만나며, 작가들을 초청해 독자들과 함께 서로가 영감을 얻고 나누는 활동이 꽤 매력적이었습니다. 개점 20주년이 된 2024년, 아틀란티스 북스는 이아 마을을 떠나 피로스테파니로 이전했다고 합니다. 전 세계 수많은 여행자가 사랑하는 이 서점이 오래도록 사랑받으며 내일도 문을 열기를 바랍니다.

버찌책방
@cherrybooks_2019

대전 변두리 마을 책방지기 가족이 함께 지은 별빛집 1층에 자리한, 자연에 둘러싸인 책방입니다. 'Read you life(종이 위에서 삶을 읽어보세요)'라는 책방 슬로건에 맞게 독서 모임, 저자와의 만남, 전시 등 다양한 읽기 경험을 기획하고 제안합니다. 책을 좋아하는 마음을 나누며 오래오래 더불어 읽는 삶을 꿈꿉니다. 소설, 에세이, 시, 그림책, 인문교양서로 서가를 구성했으며, 온 가족이 한 권씩 나만의 책을 고르는 모습을 볼 때 가장 큰 기쁨을 느낍니다.

추천하는 동네 서점

● 단비책방
@danbi_2018

종종 손님으로 다른 책방에 놀러 가고 싶은 마음이 듭니다. 아무리 내가 운영하는 책방이 최고라고 해도 책방지기에겐 일터일 뿐이니까요. 그럴 때 숨구멍 같은 곳이 되어주는 책방이 세종시에 있는 '단비책방'입니다. 책방지기 단비 님과 선재 님 부부가 직접 지은 전원주택에서 북스테이와 책방을 운영 중이신데, 공간은 책이 채우지만 사람이 완성한다는 말을 절로 체감할 수 있는 곳입니다. 7년 동안 한결같이 환대와 진심 어린 응원을 받고, 책방 운영의 고충을 허심탄회하게 나눌 수 있는 책방지기의 책방입니다.

가 보고 싶은 서점

● 프랑스 악트 쉬드
Actes Sud
@actessud

프랑스 여행에서 가장 기억에 남았던 서점입니다. 서점, 영화관, 카페, 출판사 등 구석구석 알차고 놀라운 프랑스식 복합 문화 공간이었어요. 꼬마 책방지기와 어린이 책 코너에서 시간 가는 줄 모르고 한참 동안 머물던 기억, 책으로 가득 찬 나무 서가 앞에서 길 헤매듯 책을 고르며 해방감을 맛본 기억, 서점 내 카페에서 책과 커피와 함께 나른한 오후를 보냈던 기억까지. 서점 하나만으로 아를에서 살고 싶다는 생각이 들 정도였습니다. 언젠가 악트 쉬드를 걸어서 갈 수 있을 정도의 거리에 있는 숙소에서 한 달 살기를 하는 걸 꿈꿔봅니다.

보틀북스

@bottlebooks_archive

보틀북스는 2018년에 문을 연 경남 진주의 책방입니다. 매달 20~25개의 북토크쇼와 독서 모임을 운영하며, 책을 매개로 사람과 사람의 연결을 지향합니다. 이제는 손님이 아니라 친구가 된 이웃들과 함께 공간을 운영하고 있기도 합니다. 서로 가게를 지켜주고, 프로그램을 기획하며 카페 메뉴 레시피를 만들어 주기도 하고, 정성껏 기른 농작물을 주고받기도 합니다. 사람의 애정을 먹고 자라는 공간, 그리고 그 애정을 다시 되돌려주고자 노력하는 공간이고 싶습니다.

추천하는 동네 서점

동훈서점
@dholdbook

진주의 헌책방 동훈서점은 1999년 6월 문을 연 뒤 26년째 자리를 지키고 있습니다. 서점지기의 부모님이 운영하던 부산대 정문 앞 헌책방 '글방'의 20여 년 역사를 이어온, 두 세대의 시간을 품은 곳이기도 합니다. 2009년부터 동훈서점을 맡아 운영하는 서점지기 서훈 님은 몇 차례 자리를 옮기면서도 "오래된 책에 새 독자를"이라는 마음으로 매입·정리·연결을 이어왔습니다. 문학·인문·사회과학·아동서까지 폭넓게 다루고, 절판본·초판 등 발견의 기쁨이 있는 서가를 지향합니다. 또한 이웃 서점과의 연대와 작은 모임들로 지역의 독서 생태계를 잇기도 하는데요. 그야말로 진주의 작은 아카이브, 동훈서점입니다.

가 보고 싶은 서점

책방오늘,
@onulbooks_in_seochon

서울 서촌의 '책방오늘,'에 가 보고 싶습니다. 가수 아이유가 '연예인들의 아이돌'이라 불리듯, 이곳도 자그마한 독립서점계의 아이돌 같아요. 소란 대신 고요, 과잉 대신 한 권의 밀도로 독자를 맞이하는 공간을 서촌 골목의 리듬 속에서 천천히 만나보고 싶습니다.

북셀러
@bookseller__official

대구 대봉동에 있는 북셀러는 지나온 시절의 책으로 새로운 가치를 전하는 작은 헌책방입니다. 오랜 기간 읽히고 또 읽히면서도 가치가 변하지 않는 책, 세월이라는 펄 속으로 가라앉은, 잊힌 책을 주로 소개하고 있답니다. 누군가 읽으며 시간이 남긴 흔적들을 발견하게 되는 것도 헌책의 매력이지요. "새로울 만큼 오래되었다"라는 장 그르니에의 말마따나 북셀러가 품은 옛날을 통해서 당신이 발견하게 될 무언가가 당신의 미래를 더욱 다채롭게 만들어 줄 수 있기를 바랍니다.

추천하는 동네 서점

고스트북스
@ghost__books

교동이라 불리는 대구의 구시가지에서 출판과 서점을 겸하고 있는 작은 서점입니다. 오래된 건물과 조밀한 상가가 모여 있는 거리에서 '서점이 어디에 있지?' 하고 갸웃하며 고개를 들면, 귀여운 유령 하나가 무릎 위에 책을 올려놓고 빙그레 웃고 있는 간판을 찾으실 수 있을 겁니다. 계단을 따라 오르면 7년 동안 한 자리를 지킨 내실 있는 고스트북스가 나온답니다. 큐레이션된 책들은 김인철·류은지 대표가 지향하는 문학, 예술, 그리고 독립출판물과 해외 서적까지 넓게 아우르고 있습니다. 류은지 대표의 일러스트레이션 작업을 기반으로 한 다양한 굿즈도 서점 나들이의 즐거움을 더해 줄 겁니다.

가 보고 싶은 서점

셰익스피어 앤 컴퍼니
Shakespeare and Company
@shakespeareandcoparis

7년 전, 신혼여행 중에 방문한 '셰익스피어 앤 컴퍼니'에서 수많은 인파에 휩쓸려 다니며 펭귄북스에서 나온 오리지널 복각판 『위대한 개츠비』 한 권을 사 왔습니다. 그때 처음 느꼈던 것 같아요. 책 한 권도 어디서 사느냐에 따라 다른 감동을 준다는 것을요. 동시에 이런 서점이라면 나도 서점을 해 보고 싶다고 막연하게 생각했던 것이 지금의 북셀러를 운영하게 된 결정적인 사건이 될 줄은 그때는 전혀 몰랐습니다. 다시 간다면 관광객이 아닌 한 사람의 서점 운영자로서 오랜 시간 공들여 책을 찾아보고 싶습니다.

서호책방
@seohobooks

2019년, 강원도 동해시에 문을 연 동네 책방입니다. 책 친구들과 함께 읽고 쓰기 위해 만든 공간에서 책방지기 자매가 정성껏 고른 책과 정성껏 끓인 모카포트 커피를 판매하고 독서 모임을 운영합니다. 2주마다 한 권의 책을 길고 깊게 소개하는 '이주의 책' 코너는 책방 문을 연 이후 지금까지 100여 권의 책을 함께 읽고 나눴습니다. 책방지기의 자녀들이 소개하는 '어린이 책방지기 추천 책', '청소년 책방지기 추천 책' 서가도 있습니다. 주변을 보듬고, 사람들과 연대하며 함께 살아가고자 하는 책방지기의 바람을 담은 공간인 만큼 오래, 기쁘게 이어가고 싶습니다.

추천하는 동네 서점
● 연 책방
@yeun_books

삼척에 있는 '연 책방'은 책방이자 출판사로서, 이야기를 모으고 전하는 공간입니다. 누구나 자신이 좋아하는 책을 소개하고 일일 책방지기가 되어보는 경험을 제안하는 '50인의 책방', '○○이/가 연 책방' 프로젝트를 비롯해 고전 읽기 독서 모임과 독립출판클럽을 운영하고 있습니다. '연 프레스'라는 로컬 기록 출판사를 열어 개인과 공동체, 그리고 로컬의 이야기를 듣고 기록하는 작업도 이어가고 있습니다. 연 책방을 통해 읽고 쓰는 경험과 보물 같은 책을 발견해 보세요.

가 보고 싶은 서점
● 달팽이책방
@snailbooks

경북 포항에 있는 '달팽이책방'은 팔리는 책이 아니라 팔고 싶은 책을 파는 곳, 커피가 아닌 주인장이 좋아하는 홍차를 판매합니다. 많이 벌고 싶은 마음보다 어떻게 벌고 싶은지에 더 마음을 두는 곳인 것 같습니다. 내가 좋아하는 공간이라면 책 친구들도 좋아할 거라는 믿음. 당장 눈앞에 보이는 수입보다 보이지 않는 가치를 좇아 공간을 이어가는 마음. 이러한 마음들로 10년이라는 시간을 쌓아온 것 같아요. 10년 뒤에도 달팽이책방이 현존하길 바라고, 너무 늦지 않게 가 보고 싶습니다.

욘나욘나

목포의 공유서점 포도책방에 입점한 작은 서점입니다. 니라이카나이(ニライカナイ, 바다 저편의 낙원)에서 싹튼 세상의 작은 이야기를 '욘나욘나(ヨンナヨンナ, 천천히 느긋하게)' 알리고 있습니다.

추천하는 동네 서점

포도책방
@podo.books.1

2025년 2월, 목포에 문을 연 '포도책방'은 책방 주인이 128명인 공유서점입니다. 책방 주인은 10대부터 70대까지 다양합니다. 128곳의 서점이 모여 있는 곳인 만큼 책도 많습니다. 약 7천 권에 달한다고 해요. 일제강점기에 쌀 저장 창고로 쓰이던 목조 건물을 개조한 곳이라 세월의 흔적을 간직한 높은 천장도 꽤 운치 있습니다. 책을 읽을 수 있는 공간도 넉넉하고, 각종 문화 행사도 꾸준히 열려 지역의 문화 구심점으로서 그 역할을 톡톡히 하고 있는 곳입니다.

가 보고 싶은 서점

세미너리 코업
Seminary Co-op BookStore
@seminarycoopbookstores

시카고에 있는 세미너리 코업은 회원제로 운영되는 세계적인 학술서점입니다. 2019년부터 '문화적 가치'에 중점을 둔 비영리 서점으로 운영 중이라고 합니다. 협동조합형 서점으로 매출보다는 책과 문화, 공동체를 연결하는 데 초점을 맞춘 운영 방식을 간접적으로나마 체험해 보고 싶습니다. 참, 오바마 전 대통령도 이 서점의 회원이랍니다. 서점 안에 '오바마 프레지던트 픽' 같은 매대가 있을지 궁금하네요.

용서점

@yongbooks_wonmi

경기도 부천 원미동에 자리한 큐레이팅 동네 책방입니다. '좋은 책을 골라 제안하는' 다양한 서가와 '책과 사람을 연결하는' 다양한 기획으로 2017년부터 동네를 지키며 문을 열고 있습니다. 동네를 오가는 남녀노소 다양한 독자가 이용하는 '보통의 책방'을 지향합니다. 시간을 함께 쌓을 때 일어나는 흥미로운 이야기를 누릴 새로운 독자를 기다립니다.

추천하는 동네 서점

● 빛나는 친구들
@brightfriends_official

부천시 상동에 있는 '빛나는 친구들'은 전국에서 유일하게 '코미디'를 전면에 내세운 서점입니다. 코미디언을 꿈꿨던 서점지기 잉공(잉어공주)이 운영하는 서점으로, 한동안 스탠딩 코미디 공연을 서점에서 진행하기도 했습니다. 한 번 들어오면 나갈 수 없는 '가두리 독서클럽', 왠지 뭔가 털어야 할 것 같은 '아가리 드리머', 뭘 만들지 상상이 안 되는 '책 엉덩이 만들기' 등 밋밋한 일상에 유머 한 스푼 첨가해 줄 다양한 모임이 열리고 있습니다.

가 보고 싶은 서점

● 심리서점 쓰담
@ssdam_books

군산에 있는 심리서점 '쓰담'에 가 보고 싶습니다. 심리와 상담을 기반으로 하는 뾰족한 책방 운영이 어떻게 이어지고 있는지 궁금합니다. 책방이 누군가에겐 치유의 공간으로 작용하는데, 그걸 구체적으로 어떻게 활용하고 있는지 직접 보고 싶습니다. '여행자의 밤'이라는 여행자를 대상으로 하는 독서 모임에도 참여해 보고 싶고요. 내면 작업이나 꿈 그룹 해석 등 심리 관련 주제에 관심이 많았습니다. 전문 서점에서 좋은 책들을 추천받고 싶습니다.

인디문학1호점

@1st.indimunhak

산속에 서점 있어요!
'내가 읽고 싶어서 시작한 동네 책방'

추천하는 동네 서점

바라나시 책골목
@varanasi_jeju

공간의 콘셉트가 확고한 서점은 늘 내 부러움의 대상이다. 그리고 그런 분위기를 만들고 유지하기 위해서는 책방지기의 경험과 진심이 공간에 스며들어야 한다. 제주 안의 작은 인도, '바라나시 책골목'이 그러하다. 바라나시 가트에 앉아 흐르는 갠지스강을 바라보며 머리를 비웠던 날들처럼, 바라나시 책골목에 앉아 하염없이 시간을 보내고 싶다.

가 보고 싶은 서점

포르투갈 렐루 서점
@livraria.lello

역시 가장 가 보고 싶은 서점은 포르투갈의 '렐루 서점'이다. 물론 가 보고 싶은 서점이지만, 현실적으로 사는 동안 가 볼 수는 없을 것 같다. 조앤 롤링 작가가 이 서점을 보고 『해리 포터』 시리즈의 영감을 받았다고 해서 유명해졌고, 덕분에 이제는 서점이라기보다는 하나의 관광 명소가 되었다. 내 서점도 유명해져서 입장료 받는 서점이 되고 싶다. 나의 롤모델!

제로헌드레드

@_zerohundred_

서울 마포구 망원동의 작은 서점입니다. 0부터 100까지 취향의 빈칸을 하나씩 채워간다는 의미로 이름을 지었습니다. 낯설지만 안전한 사람들이 모여 취향과 취미를 매개로 마주하는 공간을 지향합니다. 도서를 중심으로 다양한 분야의 창작자와 협업하며 작품을 소개하고 판매합니다. 출판, 인쇄물을 제작하고 전시와 공연, 연계 행사를 기획하여 진행합니다.

추천하는 동네 서점

선유서가
@seonyu_seoga

선유도역 근처 양평동에 있는 작은 서점 겸 카페입니다. 카페 공간과 서점 공간이 골목길을 사이에 두고 마주 보고 있어요. 카페에서는 커피와 함께 작가들의 작품을 즐길 수 있도록 벽면 전시가 진행되고, 서점 공간에서는 작가들의 소품과 책을 소개하고 판매합니다.

매달 추천도서와 함께 에세이를 발행하는 작가 북씨가 서점지기로 공간을 지키고 있습니다. 책을 읽고 즐기는 독자이자 소개하는 판매 플랫폼의 운영자인 동시에, 글을 쓰는 작가로 다양한 역할을 동시에 해내는 서점지기의 시선이 담긴 큐레이션과 기획을 엿볼 수 있는 재미난 서점입니다.

가 보고 싶은 서점

일본 다이다이 서점
橙書店

서점 이름의 뜻은 오렌지. 서점지기인 다지리 히사코 씨의 책을 통해서 알게 되었습니다. 건물 입구의 오렌지색 기다란 간판에 하얀색 손글씨로 조그맣게 서점의 이름이 적혀 있는데, 왠지 모를 귀여움과 진지함이 공존합니다. '묘한 책'과 '약한 자들의 책'을 파는 이 서점에서만 만날 수 있는 이야기가 있으리라 기대합니다.

말이 통하지 않더라도 다지리 씨의 책을 읽고 간다면 무언의 친밀감을 느껴볼 수 있지 않을까요? 서점인 동시에 잡화점이자 카페를 겸하고 있으니, 가게 된다면 해 드는 창가 자리에 앉아서 다지리 씨가 만든 카레와 따뜻한 차도 맛보고 싶어요.

책방 연희
@chaegbangyeonhui

'책방 연희'는 작가이자 기획자, 도시 연구자가 운영하는 서점으로, '책'만 판매하는 '책방'이 아니라, 책이 담고 있는 '이야기'를 생산하고 소비하는 곳입니다. 느슨하게 책을 읽고, 글을 쓰고, 느슨한 연대가 되길 희망하는 '책방 연희'는 책, 온라인 및 오프라인 모임과 클래스, 전시, 콘텐츠 등을 통해 도시에서 나답게 살기 위한 공간과 시간 그리고 기회를 제공합니다.

추천하는 동네 서점

아직 독립 못 한 책방
@a_dok_bang

'아직 독립 못 한 책방(일명 '아독방')'은 서울 마포구 푸른약국 내에 있는 숍인숍 책방으로 약사이자 작가가 운영하는 책방입니다. Book & Fun을 신조로 책과 함께 재미있는 일을 많이 만들려고 노력하는 곳입니다. '책방 연희' 운영자와 『책 읽다 절교할 뻔』을 함께 쓸 정도로 책과 책방과 읽기와 쓰기에 관한 이야기를 많이 공유하는 친구 책방입니다. 아! 책방 운영자가 기분이 안 좋을 땐 더 큰 이벤트를 연다고 하니 기회를 놓치지 마시길!

가 보고 싶은 서점

케이분샤 이치조지점
恵文社 一乗寺店
@keibunsha_books

책방을 열기 전, 일본 교토에 있는 '케이분샤 이치조지점'에 들렀던 그날을 잊지 못합니다. 뜨거운 여름날, 햇빛에 반짝이던 입구와 낡은 간판, 다정한 책 냄새. 책방을 열 계획이 없던 때였지만, 책방을 한다면 이런 책방을 하고 싶다고 생각했던 곳. 금방 또 오겠노라 인사했지만 오래도록 가지 못하고 있는 서점입니다.

책방 토닥토닥

@todakbook

생각과 가치를 파는 책방, '사랑과 연대'의 마음으로 책방을 운영하고 있습니다. 전주 남부시장 청년몰에 위치한 독립서점으로 부부가 각자의 개성을 담아 책방 내부를 꾸몄습니다. 전주에서 다양성을 존중하며 세상을 바꾸려고 하는 사람들 곁을 지키며 오늘도 책방 문을 엽니다.

추천하는 동네 서점

풀의 유영
@swimming_leaf

전주 동문길, 구 헌책방 거리에 있는 '풀의 유영'은 줄지어 늘어섰던 헌책방들이 사라진 자리에서 책으로 피어난 꽃처럼 아름다운 책방입니다. 책방지기가 사랑 가득 꾸민 공간을 천천히 유영하듯 살펴보다 보면 따뜻한 온기를 느낄 수 있습니다. 책방지기가 좋아하는 책들로 구성된 서가를 살피며 말을 걸면, 환한 웃음과 함께 책방에 대한 여러 이야기를 해줄 겁니다. 책이 점점 사라지는 거리를 다시 책으로 채우고 있는 책방은 그 자체만으로도 소중하다고 생각합니다. 전주 한옥마을을 거닐다 잠시 휴식이 필요하다면 언제든 '풀의 유영'으로 달려가 보세요. 책과 이야기, 느림의 미학을 느낄 수 있습니다.

가 보고 싶은 서점

달팽이책방
@snailbooks

한 번도 가 보지 못했지만, 롤모델로 삼고 있는 책방입니다. 전국에서 딱 한 곳의 책방을 추천하라면, 저희는 달팽이책방을 꼽습니다. 토닥을 찾는 손님들에게도 포항에 가면 꼭 달팽이책방을 가 보라고 합니다. 따뜻한 시선과 큐레이션, 오랜 기간 운영한 독서 모임까지…. 책방지기의 내공과 깊이가 멀리 전주까지 느껴집니다. 느리지만 걷는 것을 멈추지 않는 달팽이처럼 자기 속도를 아는 것 같은 책방. 무엇보다 달팽이책방의 독서 모임에 꼭 한번 참여하고 싶습니다.

책방, 궤
@orbit_books

충주 관아골에 위치한 작은 큐레이션 책방입니다. 책방지기가 읽고 싶어서 들여온 책들로 가득합니다. '세상의 모든 이야기는 한 궤에 있다'라는 슬로건으로 재미있는 이야기를 찾아 들여옵니다. 충주에서 책으로 할 수 있는 모든 커뮤니티를 지향하며, 책과 함께할 수 있는 것을 찾습니다.

추천하는 동네 서점

●
글책방, 빈칸
@bean__can

'글책방, 빈칸'은 우리 책방에서 도보 5분 거리에 있는 작은 책방입니다. 업종은 같지만, 책방지기의 성향과 취향은 정반대입니다. 하지만 책을 향한 마음은 비슷해서, 충주에서 책에 관한 일을 자주 함께 벌입니다. 빈칸에 가면 기분이 몽글몽글해지는 책과 굿즈가 많습니다. 조용하고 조곤조곤한 책방지기가 있는 따뜻한 공간이니 충주에 오신다면 우리 책방에 이어 들러 주세요.

가 보고 싶은 서점

●
일본 도쿄 책거리
チェッコリ
@chekccori

일본의 도쿄 진보초에 있는 유일한 한국서점 '책거리'에 가 보고 싶습니다. 도쿄에 3년 정도 거주한 적이 있는데, 얼마 전에야 진보초에 한국서점이 있다는 사실을 알았습니다. 한 번도 가 보지 못해 죄송스러운 마음도 들고, 어떤 식으로 진보초의 고서점 거리에 한국서점이 들어서 있는지도 보고 싶습니다.

카프카의 밤

blog.naver.com/goodnight_kafka

부산 연산동 주택가에 자리한 작은 책방입니다. 낮에는 회사에서 일하고 밤에는 글을 쓴 카프카처럼 자본주의에 가느다란 틈을 내고 싶습니다. 출구를 찾는 당신을 기다립니다.

추천하는 동네 서점

스테레오북스
@stereobooks

부산 안락동 온천천 카페거리에 있는 서점입니다. 차분한 공간에서 음악 분야를 중심으로 예술, 문학, 그림책 등 엄선한 책을 만날 수 있습니다. 1층에는 책방 사장님이 운영하는 수제맥줏집이 있어 책맥 하기에도 좋아요. 온천천 벚꽃 시즌이 절정이지만, 사계절 언제 가도 멋진 곳입니다.

가 보고 싶은 서점

서점극장 라블레
@rabelais.kr

세계문학을 소개하는 서울 마포구의 '서점극장 라블레'. 오픈하자마자 sns 알고리즘으로 알게 됐는데, 친애하는 나오리 블라블라하는 익살스러운 글에 구독을 눌러버린, 마성의 매력이 느껴지는 곳입니다. 세계문학에 대한 열정이 낭독, 연극 등 진지하고 재미있는 활동으로 뻗어나가는 모습이 멋져서 언젠가 꼭 가 보고 싶은 서점입니다.

프루스트의 서재

@library_of_proust

프루스트의 대표작 『잃어버린 시간을 찾아서』의 주인공은 홍차에 적신 마들렌 한 조각을 통해 잊고 있던 유년 시절의 기억을 떠올리게 됩니다. 희미해진 기억을 다시 떠올릴 수 있는 것은 소중했던 시간의 기억이 잊히지 않고 남아있기 때문이죠. '프루스트의 서재'는 작은 책방이지만 깊이 읽고, 편하게 쓰고, 오래 생각하기 위한 공간입니다. 책을 통해 소중한 시간이 이어지고 기억되기를 바랍니다.

추천하는 동네 서점

●
카모메 그림책방
@kamomebookstore

서재로 오는 신금호역 초입에 파란 차양을 한 '카모메 그림책방'이 있다. 일본 영화 〈카모메 식당〉을 연상케 한다. 주인공인 사치에는 핀란드 헬싱키에 작은 일식당을 차리지만, 사람이 없어도 꿋꿋하게 문을 열고 손님을 맞는다. 이처럼 카모메 그림책방도 자신만의 그림책방을 열고 소소한 이야기를 만들고 있다. 푸른 바다는 눈에 보이지 않지만, 그림책을 통한 상상력만 있다면 언제라도 이곳이 파도와 갈매기가 너울거리는 공간이라고 말할 수 있지 않을까.

가 보고 싶은 서점

●
일본 다카마쓰의 예약제 헌책방 나타쇼
な夕書
@natasyo0718

이것저것 책들을 가득 채운 공간을 좋아한다. 그 공간의 책들은 받들어 보이는 것이 아니라 놀러 온 친구처럼 널려있어야 한다. 그냥 아무 데나 걸터앉은 것처럼 보여도, 좋아하는 자리를 자연스럽게 찾아 눌러앉은 것마냥 편안함이 있다. 책방의 손님도, 자리를 차지하는 책들도 그렇게 이웃하며 보이는 곳이다. 왜 예약제 헌책방이냐고 묻는 질문엔 "손님이 없어서"라고 편하게 대답하는 곳. 책을 보다가 한달음에 푸른 바다를 만나러 가도 좋겠다.

내가 사랑한 서점

초판 1쇄 발행 2025년 11월 11일

지은이	서점을 잇는 사람들
펴낸곳	니라이카나이
출판등록	2020년 1월 29일 제2020-000024호
이메일	niraikanai_2020@naver.com
인스타그램	niraikanai_books

ISBN 979-11-981778-6-5 02810

ⓒ 계선이, 구선아, 김하림, 류지혜, 무라사키, 문주현, 박성민, 윤태원
이밤수지, 보라차, 조예은, 채도운, 추혜원, 호재

- 이 책은 저작권법에 따라 보호받는 저작물이므로 무단전재와 복제를 금합니다.
- 이 책 내용의 전부 또는 일부를 이용하려면 반드시 저작권자와 니라이카나이의 서면 동의를 받아야 합니다.
- 잘못 만들어진 책은 구입하신 곳에서 바꾸어 드립니다.
- 값은 뒤표지에 있습니다.